汉语韵律语法丛书

冯胜利 端木三 王洪君 主编

汉语嵌偶单音词

黄 梅 著

北京语言大学出版社
BEIJING LANGUAGE AND CULTURE UNIVERSITY PRESS

图书在版编目（CIP）数据

汉语嵌偶单音词 / 黄梅著 .-- 北京：北京语言大学出版社，2015.12
（汉语韵律语法丛书 / 冯胜利，端木三，王洪君主编）
ISBN 978-7-5619-4352-6

Ⅰ.①汉… Ⅱ.①黄… Ⅲ.①汉语－单音词－研究
Ⅳ.① H13

中国版本图书馆 CIP 数据核字（2015）第 297930 号

汉语嵌偶单音词
HANYU QIAN'OU DANYINCI

排版制作：北京创艺涵文化发展有限公司
责任印制：姜正周

出版发行：北京语言大学出版社
社　　址：北京市海淀区学院路 15 号，100083
网　　址：www.blcup.com
电子信箱：service@blcup.com
电　　话：编辑部　8610-82301016
国内发行　8610-82303650/3591/3648
海外发行　8610-82303365/3080/3668
北语书店　8610-82303653
网购咨询　8610-82303908
印　　刷：北京京华虎彩印刷有限公司

版　　次：2015 年 12 月第 1 版
印　　次：2015 年 12 月第 1 次印刷
开　　本：880 毫米 ×1230 毫米　1/32　　印　张：5.125
字　　数：107 千字
定　　价：38.00 元

PRINTED IN CHINA

总序

我国学者对韵律的关注有着悠长的历史。《毛诗序》说："情发于声，声成文谓之音。"这是古人区分随意的"声"与有序的"音"的最早论述。《荀子·乐论》云："(先王)故制雅颂之声以道之，使其声足以乐而不流，使其文足以辨而不諰，使其曲直、繁省、廉肉、节奏，足以感动人之善心。"这是古人用声律来区分雅俗、节奏的千年古训。

在中国古代的节律研究史上，对韵律规则关注最细密、阐述最清楚的莫过于南朝的沈约(441—513)。[①] 他说："宫商相变，低昂舛节，若前有浮声，则后须切响，一简之内，音韵尽殊，两句之中，轻重悉异。"(《宋书·谢灵运传论》)。这里的基本精神与当代韵律创始人 Liberman(1975)的"相对轻重论"是一致的。当然，沈约也自知局限："韵与不韵，复有精粗，轮扁不能言，老夫亦不尽辨此。"(《答陆厥书》)稽古鉴今，从 Liberman"相对轻重论"发展出来的当代节律学(metrical phonology)给了我们辨

---

① 沈约，字休文，吴兴武康(今浙江德清)人，南朝史学家、文学家。他在给陆厥的信中说："(古人)虽知五音之异，而其中参差变动，所昧实多，故鄙意所谓'此秘未睹'者也。以此而推，则知前世文士，便未悟此处。"但他也承认："韵与不韵，复有精粗，轮扁不能言，老夫亦不尽辨此。"

识“韵之精粗”的现代工具。①

古代的韵律不仅涉及发音，还事关语法。最早触及这个题目的当属唐代的孔颖达。他在《毛诗正义》里疏解“视民如禽兽”时说:“《经》言‘虎’‘兕’及‘狐’，止有兽耳，言‘禽’以足句”；在疏解《召南》“羔羊之皮”的时候说:“兼言羊者，以羔亦是羊，故两言以协句”。其中的“足句”“协句”（其他尚有“圆文”等韵律分析）都为今天韵律语法的建立，提供了古代的语料和证据。

在汉语语言学史上最早发现韵律制约句法现象的当首推马建忠②。他在研究“易之以羊”和“以羊易之”两种句型时精辟地指出:“转词介以‘以’字置于止词之后者，盖止词概为代字，而转词又皆长于止词。”(《马氏文通》）就是说，如果动词的宾语是代词，而介词的宾语又较长的话，那么就要采用 [[V+ 代][以 +NP]] 的格式。以成分的长短定词序，正是从韵律控制句法的角度看问题。然而，值得回味的是，马氏虽然惊人地发现了韵律的作用，但却说“惟排偶声律者，等之‘自郐以下’耳”—— 将韵

① 注意：在 Liberman 之前，Chomsky, Halle, and Lukoff（1956）早已奠定“循环重音指派”（cyclic stress assignment）的操作体系（也即韵律跟语法的直接相关性。参 On accent and juncture in English. In: Morris Halle, Horace Lunt, Hugh MacLean, and Cornelis van Schooneveld (eds.), *For Roman Jakobson*. The Hague: Mouton, 1956. 65-80。而 Halle and Keyser（1967、1971）的文章更可看作生成节律学（generative metrics）的创始之作（其中的重音分布规律，采用了 Chomsky, Halle, and Lukoff（1956）的理论，认为重音跟句法直接相关。 参 Morris Halle and Samuel Jay Keyser. Chaucer and the study of prosody. *College English* 28.3 (1966): 187-219. 及 Morris Halle and Samuel Jay Keyser. *English stress: its form, its growth, and its role in verse*. New York: Harper and Row Publishers, Inc., 1971.

② 事实上，乾嘉学者如王念孙等均有很好的发明。但“韵律训诂”方面的研究才刚刚开始。

律的因素排斥在句法之外。他一方面卓有发明，另一方面又自毁长城，为什么呢？究其根本，是没有理论的缘故。[①] 于是杨树达批评他说“但据类例之多少为言，绝无何等理论为根据也。”(《马氏文通刊误》）我们吃没有理论的亏太多了！殊不知，我们吃不能（不善？不屑？）创造理论的亏，更大、更多！没有理论，很难准确地把握现象，到手的东西也终将复失，更不消说本质与规律。马氏韵律语法的失败在理论。事实上，马氏不仅没有韵律理论，他的句法理论也不独立(《马氏文通》大抵以拉丁语法为底本)。当然，在我们看到理论之必要（necessary condition) 的同时，也不能忘记它并非充分条件（sufficient condition）。原因很简单，即使有了理论也不能保证对现象的揭示准确无误。乔姆斯基的管约句法论（government-binding theory）可谓理论，但根据这个体系，Zwicky and Pullum（1986）得出的却是一个错误的结论：句法无语音原则（Principle of Phonology-Free Syntax）[②]。他们说：“句法无语音原则是为跨语言而设定的语法；该语法禁止句法规则或句法限定参考音系的信息。”（The Principle of Phonology-Free Syntax (PPFS) is a proposed universal principle of grammar that prohibits reference to phonological information in syntactic rules or constraints.）[③]

---

① 什么是理论？我们认为：其本质属性主要有两点：一是要把假设和规则说明确（explicit)，一是要有可验证的预测（make verifiable predictions）。参 Karl R. Popper *The logic of scientific discovery*. New York: Basic Books, 1959.

② Arnold. M. Zwicky and Geoffrey. K. Pullum. The principle of phonology-free syntax: introductory remarks. *Working papers in linguistics* 32: Columbus, OH: The Ohio State University, 1986. 63-91.

③ 引自 Philip H. Miller, Geoffrey K. Pullum and Arnold M. Zwicky. The principle of phonology-free syntax: four apparent counterexamples in French. *Journal of Linguistics* 33 (1997): 67-90.

在形式句法理论界，这一“句法无语音”的错误信念直到最简方案出来后才逐渐改变。2008 年 11 月 7 ～ 9 日在康奈尔大学召开的第39届NELS会议的广告上，我们第一次听到这样的声音：

“The design of the grammar is standardly assumed to be complex, involving components such as phonetics, phonology, syntax and semantics. The initial view that components of the grammar are autonomous has proven to be overly strong, and more and more cases of interfaces among components have been documented. This in turn opens questions about the extent and nature of such interfaces: is there a line between interacting components and components without borders?”

基于这种新的认识，会议邀请学者投交有关“explore empirical as well as theoretical aspects of the interfaces among two or more components of the grammar, and formal tools that capture such interfaces”的论文。时隔不久，Richards 在 *Uttering Trees* 一书（2010）中便提出“疑问词移位”（wh-movement）是由韵律导致的的看法：疑问词移位（wh-movement）的句法运作发生在韵律刚好需要的情况下（The syntactic operation of *wh*-movement takes place just in case the prosody requires it）。在 20 世纪 70 ～ 80 年代的形式句法里，这是不可想象的。

国际韵律语法研究风起云涌，我国韵律语法研究的情况则很不同。我们一向没有宏大系统的语言学理论，自然也没有 Zwicky 那样极端、绝对的理论错误。从上面看到，韵律对语法的作用我国古代先贤早有揭晓，进入当代，相关研究层出不穷。最明显、最有影响的是郭绍虞的“弹性词说”（1938）[①] 和吕叔湘的 2+1、

① 《中国语词之弹性作用》，载于《燕京学报》1938 年第 24 期。

1+2的“趋势说”(1963)[①]。当然，赵元任的“电离化(ionization)/离合词”理论，更堪称早期韵律语法最精辟的分析：

可是既然咱们可以说“上了一堂课”，何以不能说“体了一堂操”？要是照字面意义来说，“操了一堂体”应该更合逻辑，可是却没人这么说。这又是语音的因素比逻辑的因素更重要的关系。但是动-宾式结构的抑扬型韵律就足以强迫“体”作动词，“操”作宾语，不管逻辑不逻辑。因此“体了一堂操”就成了学生的经常用语了。

——《中国话的文法》[②]

这里“抑扬型韵律足以强迫‘体’作动词，‘操’作宾语，不管逻辑不逻辑”一语，为我们开辟了一个新的研究领域。顺此而推，汉语韵律的另一重要属性就是近年来发现的“韵律的形态功能”(参本系列丛书中王丽娟《汉语的韵律形态》)。这方面的研究，我们甚至可以溯源到陆宗达、俞敏(1954)对“开开 kāi kai(动词：这水得开开再喝)”和“开开 kāikāir(形容词：这水开开儿的，正好沏茶啊)”等北京话词语的重音分析。[③]

汉语韵律语法研究的另一大宗是它在文学上的作用。我国(和邻邦)的学者在这方面的研究有着长久的历史和丰富的学说。南朝沈约的“浮声、切响”(《宋书·谢灵运传论》)、刘勰(465—520)的“往蹇来连”(《文心雕龙·声律》)、唐代日本和尚遍照金刚的“诗行两半(半逗律)”(《文镜秘府论》)、清代桐城派学者刘大櫆的“音节神气”(《论文偶记》)，以至于当代启功先生的

① 《现代汉语单双音节问题初探》，载于《中国语文》1963年第1期。

② 刘梦溪主编《中国现代学术经典》“赵元任卷”中的《中国话的文法》。河北教育出版社，1996年。

③ 注意：“这水得开开再喝”的重音在第一个“开”上，“这水开开儿的，正好沏茶啊”的重音在“开儿”上。见陆宗达、俞敏(1954)《现代汉语语法·上》，群众书店。)

“诗节韵律”(《诗文声律论稿》)，等等，都是我国古今节律学研究的宝贵财富，亟待总结和开发。

如果说郭绍虞的“弹性”、吕叔湘的“趋势”和赵元任的“电离化（ionization）”均以20世纪70年代以前的传统韵律理论为基础而进行研究的话，那么我国当代韵律语法的研究则是继Chomsky、Halle、Keyser以及Liberman等当代学者70年代前后提出的“相对轻重说（relative prominence）”[①]为基础、伴随80年代改革开放带来的西方当代语言学理论的引入而开始的。我们知道：汉语韵律—语法的研究以“句法影响/制约韵律”为起点。譬如C. C. Cheng（1973）[②]提出的以句法分枝为上声变调域的观点；Chilin Shih（1986）[③]和Matthew Chen（2000）[④]进行的以句法为基础的音步研究（foot formation based on syntax）；Matthew Chen和他的学生提出的以句法XP为界确定的连音变调域（如Matthew Chen, 1987）[⑤]；Selkirk（1986）[⑥]受到Matthew Chen影响后提出的“界定参数”（edge-setting parameters）和“韵律范畴域”（domains of prosodic categories）；Selkirk and Shen（1990）[⑦]观察到的上海

① M. Libermann and A. Prince. On stress and linguistic rhythm. *Linguistic Inquiry* 8 (1977): 249-336.

② A synchronic phonology of Mandarin Chinese. *Monographs on linguistic analysis,* No. 4. The Hague: Mouton.

③ *The prosodic domain of tone sandhi in Chinese*. PhD dissertation, University of California, San Diego.

④ Tone sandhi: patterns across Chinese dialects. *Cambridge Studies in Linguistics*, No. 92. Cambridge, UK: Cambridge University Press.

⑤ The syntax of Xiamen tone sandhi. *Phonology yearbook* 4: 109-149.

⑥ On derived domains in sentence phonology. *Phonology yearbook* 3: 371-405.

⑦ Prosodic domains in Shanghai Chinese. In: Sharon Inkelas and Draga Zec (eds.), *The phonology-syntax connection*, Stanford and Chicago: CSLI Publications and University of Chicago Press, 1990: 313-337.

方言里“句法—韵律错配现象”（phonology-syntax mismatches）；还有 Duanmu（1995、1999）[①]提出的上海话连音变调域的重音循环指派法（tone sandhi domains are based on cyclic stress assignment），等等，都是从“句法影响韵律”的角度进行的研究。与此同时，Matthew Chen（1979）还进行了“句法—韵律相互影响”的研究[②]。他在汉语律诗的探讨中提出句法分枝和韵律分枝必须彼此对应的规律。当然，令人更为关注的是突破 Zwicky“韵律无句法原则”的新理论：“韵律对句法的影响和制约”。这方面我们首先看到的是 Inkelas and Zec（1990）[③]有关韵律制约句法的研究，其次是 Feng（1991、1995）[④]有关汉语的韵律结构和韵律制约的句法研究。继此则有 Zubizarreta（1998）的 P-movement[⑤]以及董秀芳（1998）[⑥]“韵律制约的动补结构”等一系列的韵律制约句法的研究。

在新兴韵律理论（metrical phonology）的影响下，汉语韵律语法的研究发生了质的变化。早在八十年代初期，语言学论坛上就涌现出一批年轻的韵律语法研究者，如陆丙甫、吴为善、张国宪、端木三、冯胜利等。1990 年，端木三与陆丙甫合著的“辅重

---

① S. Duanmu. Metrical and tonal phonology of compounds in two Chinese dialects. *Language* 71.2 (1995): 225-259. & S. Duanmu. Metrical structure and tone: evidence from Mandarin and Shanghai. *Journal of East Asian Linguistics* 8.1 (1999): 1-38.

② Metrical structure: evidence from Chinese poetry. *Linguistic Inquiry* 10.3 (1979): 371-420.

③ Sharon Inkelas and Draga Zec (eds.), *The phonology-syntax connection*. Stanford and Chicago: CSLI Publications and University of Chicago Press, 1990: 365-378.

④ Prosodic structure and word order change in Chinese. *The Penn review of linguistics*, Vol. 14, 1991. & *Prosodic structure and prosodically constrained syntax in Chinese*, PhD dissertation, UPENN, 1995.

⑤ *Prosody, focus, and word order*. Cambridge, MA: The MIT Press, 1998.

⑥《动补带宾句式中的韵律制约》，载于《语言研究》1998 年第 1 期。

论”打响当代韵律语法研究的第一枪。[①]1997年冯胜利到四川大学讲授韵律构词学（词汇化）和韵律句法学（核心重音）[②]，不久就有了董秀芳的《述补带宾句式中的韵律制约》(《语言研究》1998年第1期)。[③]此后，韵律语法方面的研究论文便如雨后春笋般涌现。经过近20年来的蓬勃发展，韵律语法研究在中国已蔚为大观。最为突出的就是杨树达批评马建忠没有理论的情况已大为改观：当代汉语韵律语法有了自己的理论。最初是端木的“辅重论”（1990、2000）和冯胜利的“核心重音说”（1991、1995），后来则有《汉语非线性音系学》（王洪君，1999、2008）、《汉语韵律句法学》（冯胜利，2000）、*Chinese Phonology*（Duanmu，2000）以及 *Prosodic Morphology*（Feng，1997）[④]等不同学说和理论的纷纷出炉。在中国，这些都是前所未有的新理论，因此也不容易一下子为人所理解。老实说，韵律语法的起步是相当艰难的，不仅当时的研究生，就是一般的学者对其中的“形式句法理论”“形式音系理论”也不太熟悉。为培养兴趣和奠定基础，韵律语法理论的引进和普及，最初采取的是“近取诸身”的做法。[⑤]譬如把“核心重音”说成“不能头重脚轻”“切忌尾大不掉”（而不是

---

① 2002年发表于 *Journal of the Chinese Language Teachers Association* 37.2: 123-136，名为“Rhythm and syntax in Chinese: A case study.”

② 讲稿后来修改为《汉语的韵律、词法与句法》出版，北京大学出版社，1997/2005/2009。

③ 她后来从功能角度研究“词汇化”，成绩显著，但是给韵律导致的双音化的研究留出了很大空间，有待开发。

④ Prosodic structure and compound word in classical Chinese. In: Jerry Packard (ed.), *New approaches to Chinese word formation: morphology, phonology and the lexicon in modern and ancient Chinese*. Berlin: Mouton de Gruyter. 197-260.

⑤ 王国维和陈寅恪在讨论中国历史上引进西方新思想的实例时认为“西洋之思想不能骤输入我中国”(《论学术界》)，并提倡“取珠而还椟”的方法(《吴宓与陈寅恪》)。其意至深，足资为鉴。

“管约（Government and Binding）为基础的核心重音的指派”）。即使涉及管约的定义，也为便于理解而从简解说（informally speaking），把“公式化的形式限定”说成大家能理解的“动词后不能有两个（可携带重音）的成分”，诸如此类，不胜枚举。结果呢？虽便于初学和理解，也带来了始料未及的误解和分歧。有人不理解其中的运作，说：“汉语的名词可以做谓语，可见动词指派重音的理论有问题”；有人怀疑说：“句子的焦点重音是任意的，如何影响句法？”有人歧解道：“汉语的句子可以不用动词，可见动词指派重音的操作是错的。”有人质疑道：“1+2 的‘铁公鸡’可以说，凭什么说 1+2 不合法？”还有人直接反对说：“汉语没有重音，也没有音步，因此用重音、音步建立起来的韵律理论靠不住！”疑惑之极，竟有人质问：“韵律的作用到底有多大？”显然，有些问题已经超出学科的范围，因为我们一般不问“化学的作用有多大”。当然，我们都知道：如果“汉语没有音步”的话，怎么可能“55/55/555”“柴米 / 油盐 / 酱醋茶”的节律停顿都一样？假如“汉语没有重音（或凸显）”的话，那么人类语言节律中的“相对凸显律”将由何表现？我们更知道，新领域开辟、新学科建立之初，出现不同的意见和争议是很正常的。太炎先生曾慨叹孙诒让的学术所以未宏于世的原因，是没人反对的结果①；而对生成语法的质疑之声至今不绝于耳，却反促其发展，则更是范例。即如 1+2 的“铁公鸡”，虽非反例，但它给韵律语法提出了挑战。挑战促使了更深的规律、更多解释被发掘与发现。1+2 [名词 + 名词] 为韵律理论所不容，然而就在解决这些反例的过程中

① “自孙诒让以后，经典大衰。像他这样大有成就的古文学家，因为没有卓异的今文学家和他对抗，竟因此经典一落千丈。这是可叹的。我们更可知学术的进步是靠着争辩，双方反对愈激烈，收效方愈增大。”《国学概论》，中华书局，2003 年，第 33 页。

我们发现了两条新的规律：一是“材料”（铁公鸡、木地板、棉手套；?钢铁公鸡、木头地板、?棉花手套）可用1+2；二是“所有格”（班主任、校领导；班级主任、学校领导）可用1+2。为什么呢？原因很可能是“材料、所有格”实际上是形容词性而不是名词性成分的缘故（参Feng，2001；Duanmu，2012）。[1]这类现象，前人不但没有解释，而且很难会想到。因此，本着真理出于争辩的理念以及促进新兴学科发展的愿望和责任，我们编写了这套丛书。可以说，这套丛书是这个学科不断发展和成熟的标志，是东西方学术研究交汇和碰撞的结果，当然也是这个学科有待整合、总结以便深入发展的当前需要。

这套“汉语韵律语法丛书”的作者都是韵律语法领域中的前沿工作者。他们有的是该学科的资深学者，有的是该领域里的年轻新秀，但他们有一个共同点，就是对此新兴学科的热爱与执着，他们都在这一领域富有自己的心得、体会和贡献。

这套丛书第一批出版的专著共九册。《音步和重音》，作者端木三。该书用大量汉语和英语语料，深入浅出地讨论了节奏的基础——音步和重音，以及它们在诗歌和普通语言里的作用。作者总结了前人的成果及不足，提出一个新的理论观点：所有的节奏模式都可以用一个统一的音步来解释。该书还附有术语表，便于读者查找常用的基本概念。

《汉语的韵律形态》，作者王丽娟。该书介绍了什么是语言的形态、汉语有没有形态、汉语有什么形态以及韵律如何在汉语中发挥形态作用能等一系列的前沿问题。作者通过分析汉语“韵律和形态”互动的现象提出：和音段层面的元音、辅音一样，超

① The multidimensional properties of wordhood in Chinese. *Contemporary Linguistics* 3 (2001): 161-174 & Word-length preferences in Chinese: a corpus study. *Journal of East Asian Linguistics* 21.1 (2012): 89-114.

音段层面的音高、音强和音长等韵律成分，也是重要的形态手段。汉语正是这样一种富于韵律形态的语言。与此同时，跨语言的现象表明，韵律形态不是汉语独有的特征，而是人类语言的共性。作者呼吁：全面展开以汉语为基础的跨语言的“韵律形态研究”。

《汉语的韵律词》，作者裴雨来。该书介绍汉语韵律词研究的理论基础，包含韵律结构、韵律层级以及韵律词作为模板的韵律构词的理论。与此同时，作者详细说明了汉语的韵律构词操作，提出“汉语韵律词模板规则”，并根据这一规则分析了普通话多种复合词现象，比如“[$_{词}$凳子]/[$_{词}$板凳]/[$_{词}$* 板凳子]”、“[$_{词}$耕地]/[$_{词}$* 耕种地]”等对立现象，“牙 + 齿（= 牙）”等冗余现象，“煤炭店、纸老虎、井坑笑”等不同类型 1+2、2+1 格式，“纸张粉碎机”等含动复合词，“北京大学→北大”等缩略词，以及“孔→窟窿”“夏→有夏”等双音化现象。最后作者着重说明了“韵律词与词感的关系”以及“韵律词法与韵律句法间的交互作用”等问题。

《汉语的最小词》，作者洪爽。该书全面介绍了汉语最小词的相关知识。认为最小词是由一个双音节的标准音步实现而成的韵律词，是韵律系统中“规则推演”的结果，是一类特殊的韵律词——最和谐的韵律词。谈最小词不能离开具体的词法、句法等语言环境，否则无所谓最小词。就是说，最小词是“动态”的，这是它与标准韵律词的最大差异之所在。最小词可以分别从节律和句法两方面来进行分类。作者认为最小词的确立对语言研究有着十分重要的意义和作用：可以为词和短语的区分提供新的视角和思路，也可以深入理解允准和促发句法移位的动机及运作，更可以多维度地解释汉语合成词复合的动机和构造的过程。正因如此，最小词的研究值得引起充分的重视。

《汉语嵌偶单音词》，作者黄梅。该书首先提出了两个问题：（一）为什么“校、国、避、佳”等单音“词”不是黏着语素或半自由语素而是“嵌偶（单音）词”？（二）是什么原因导致嵌偶单音词的句法分布受到限制？作者从这些词在使用中不得不“双”的韵律特点出发，说明它们出现的韵律与句法的条件，并提出判定它们的标准是看其能否独立做句法成分，因此凡能独立做句法成分的单音节单位，尽管韵律受限，也是词。除此而外，嵌偶词只用于庄典语体，具有很强的语体语法性。因此，它们在其他语体中很难或根本不能出现。最后作者强调指出：“不得不双”的嵌偶性是现代庄典体语法的重要属性。

《汉语合偶双音词》，作者王永娜。合偶双音词是一种自身为双音节且要求特定组合对象也必须至少为双音节的，句法自由，但合偶要求有一定方向性的书面正式体的语体词，简称“合偶词”。该书从《汉语水平词汇与汉字等级大纲》中收集到一千多个合偶词，在此基础上，介绍合偶词的鉴别标准，考察合偶词在四大词类（动、形、副、名）中的分布和存在情况，介绍了四类合偶词内部在组合方式上的差异，对应的语体功能及其差异，阐明了合偶词的语法本质是以“双”配“双”的韵律形式和组合方式来完成正式语体的交际目的。作者认为，合偶词普遍具有“抽象＋抽象”的语义特征，这是汉语构建正式语体的一种语法形式。

《汉语的句法词》，作者庄会彬。该书从汉语“词”“语”纠缠的问题出发，认为“句法词”的概念界定和阐释可以帮助解决这一学界长期以来的困惑。作者进而深入探讨了句法词研究的现状、句法词的派生、句法词与词汇词以及“的”字短语的联系和区别。以“白菜”“白布”“白的布”为例，三者之间“词”“语”界限该在何处划分，一直都是老大难问题，然而，引入句法词之后就变得较为清楚的原因所在。"白的布"是短语,"白菜"为词汇词(固化词),"白布"则为句法词:三者差异由是泾渭分明,"词""语"界限也因此可定。

《汉语的四字格》,作者朱赛萍。该书讨论:汉语的四字格为什么是人们言语生活实践中喜闻乐见的一种独特的表达形式?五花八门的四字格到底是怎样产生的?为什么四字格在汉语中如此普遍而备受青睐?作者通过介绍四字格的韵律、句法与语体等多方面的特征,全方位探索了汉语四字格的韵律特征以及生成方式。作者指出,汉语的韵律系统和机制,是揭开汉语四字格前世今生之谜的钥匙。

《汉语韵律语法问答》,作者冯胜利。该书从理论、实践以及作者自身的经验和体会出发,深入浅出地解答了学生和学界对于20年来韵律语法研究的疑问、质疑和批评,诸如"汉语有没有音步""什么是韵律层级""什么是相对凸显/轻重""韵律的作用到底有多大",等等。该书的问答既针对初学者的日常问题,又关系到研究者的专业问题及该学科的历史和发展,同时也涉及韵律语法操作的原理和方法,如"韵律形态""层级跨界""韵律删除与韵律激活""焦点重音与核心词移位""句法词与最小词"等前沿问题。该书的讨论对厘清初学者和一般研究者在韵律构词和韵律句法中常常遇到的问题有帮助,对该学科的历史研究和未来的发展有总结和推动的作用。

不难看出,这套丛书的确反映了当前韵律语法发展的方方面面。美国学者 Simpson 在 2014 年出版的《汉语语言学手册》(*The Handbook of Chinese Linguistics*)里面说:

将来的韵律与语法的相互作用的研究,无论是跨方言的共时研究,还是历时的研究(这是具有可能性的),都是未来汉语语言学研究中的一个丰富而内容充实的领域,是一个汉语可以为

“有关人类语言的普通语言学理论”做出重要贡献的领域。[①]

这是对我们以往韵律语法研究的总结，更是我们将来努力的方向。是为序。

冯胜利（执笔）

2015 年 6 月

① Andrew Simpson. Prosody and syntax. In: C.-T. James, Huang Y.-H. Audrey Li and Andrew Simpson (eds.) *The Handbook of Chinese Linguistics*. Oxford: Blackwell, 2014. 465-491.

目录

1

第一章

导　言

嵌偶单音词（以下简称“嵌偶词”）是一批“句法自由，韵律黏着”（详细解释见下文）的庄典体单音词，譬如“我校”的“校”“遍访”的“遍”。它们是用新理论发现的一批新词。之前，很多学者曾在举例中提起它们，而且对它们的性质有很多争议，但没人注意到这批词的韵律属性。很多人把它们当作黏着语素或者半自由语素。认为它们是黏着语素的原因是因为它们不能单独成为一句话；认为它们是半自由的原因是因为它们虽然不能单独成为一句话，但却可以独立做句法成分，因而与“学者”的“者”“欣然”的“然”不同。

“半自由”的定义貌似周到，但有违逻辑。D. Q. McInterny 曾指出：

逻辑学（人类理性）的基本原理有四个。

……

排中律

表述：对于任何事物在一定条件下的判断都要有“是”或“非”，不存在中间状态。

解释：一个事物，它要么存在，要么不存在，没有中间状态。桌上有一盏灯，这句话要么是真要么是假，没有别的可能。我们或许要问：变化过程中的事物怎么解释？介于是与不是过程中的中间状态存在吗？答案是：不。没有纯粹的变化。变化都是事物的变化。处于变化中的事物仍然属于事物的范围。一盏仍处于制作过程中的灯还不是灯，只是灯的组成部分已经存在了，灯的"变成"依赖于这些存在的零件。从绝对意义上来说，没有正在变成的事物，从无到有之间没有通道。……**重申一下，排中律的基本思想是：不存在中间状态。**我们所说的"变化中"不是从无到有的通道，而只是目前已存在事物的内部变化。（McInterny著 赵明燕译 2008:36）

如果按照一些研究的说法，"半自由"是"有时自由，有时不自由"或者"从自由向不自由过渡"的中间过程。这意味着"半自由"是自由的中间状态。它违背了以上逻辑学的"排中律"。逻辑是语法原理必须遵循的准则。依此，如果按照以往以"单说"定义自由的标准，"半自由"其实就是不自由。但这样的概念根本不能反映出嵌偶词的本质属性。为此，本书从一个新的视角提出：这些庄典体的单音成分是词，但不是一般的词，而是必须嵌入双音节短语模板（"偶语"）的单音词即"嵌偶词"。譬如"校"是嵌偶名词，由它搭配而成的"* 我的校""* 我们校"，都不合法，为合法必须构成双音的"我校"等。

发现嵌偶词的理论是与以往理论不同的新理论。这一新理论就是韵律词法理论（McCarthy and Prince, 1986, 1994）和韵律句法学（Shengli Feng, 1995，2000）。韵律词法理论（Prosodic Morphology）是韵律音系学（Prosodic Phonology）和生成语法的词法的一个交叉理论，韵律句法学是节律音系学（Metrical Phonology）和生成语法的句法相交的理论。它的出现以冯胜利（1995）博士论文（英文）的发表为标志。[①] 如果用一句话概括

① 如果想进一步了解韵律句法学的基本观点可参见冯胜利的《汉语韵律句法学》（增订本）（2013）。

这两种理论的基本研究方法，那么可以说，韵律词法理论和韵律句法学是探究韵律规则对语法（Generative Grammar）规则的制约作用。该理论把韵律条件作为制约语法生成的手段。生成语法理论把词法（morphology）和句法（syntax）两部分合称为语法（grammar）。本书也仿照这种做法，把韵律词法和韵律句法合并，称之为“韵律语法（Prosodic Grammar）”。

《汉语书面用语初编》（冯胜利，2006）（以下简称“《初编》”）收录了250个左右嵌偶词，我们又陆续发现了200多个，加起来共450个左右。如果把现代汉语所有的词的总数当作基础数量，用目前发现的嵌偶词数量（450个左右）和这个数字比较，那么嵌偶词的数量并不多。不仅如此，就目前的研究而言，我们在其他语言中还没有找到与嵌偶词（在语法、语体和韵律特征方面）相仿的词汇类型。但是对于现代汉语来讲，这批词非常重要，因为它们是庄典体表达不可或缺的形式。庄典语体是语体构成的重要部分。社会场合分正式与不正式、庄典与俗常这种两个维度对立。不同语体对应不同的交际场合，因此与其相对应的词汇和语法也需要有区别。譬如开幕式、欢迎仪式、演讲报告等正式场合，就不能用非常口语的“常俗”语体。而在悼词、祭祀等庄典场合，也不能出现常俗语体。与人亲昵随便的时候也没有人会用正式或者庄典的词句。嵌偶词正是为了满足庄典场合交际需要的一种形式，是汉语按照语体体系规则生成的一批单音词，它是构成庄典语体的一种构成成分。①

---

① 标志庄典语体的语法手段不仅有嵌偶词，还有其他类型，如古文言句式等。收集标记庄典语体的词句语段是一个大工作。

这本书的目的就是介绍：什么是嵌偶词？为什么嵌偶单音词的本质属性是词，而非以往所说的半自由语素？还有，为什么一定要用韵律词法和韵律句法学理论来解释嵌偶词的现象？

在说明上述问题之前，我们首先要讲一下什么是嵌偶单音词以及与它相关的基本问题；考察嵌偶单音词的实际语法功能等语言表现，说明嵌偶单音词的实际语法性质和语体表现，揭示嵌偶单音词的本质。然后回顾以往研究中对嵌偶单音词的论述，评析以往研究的观点和论证逻辑。

思考与练习

1. 下面都是嵌偶单音词，请加以分类，并提炼规律。

   面（粉） 跑 笑 校 国 佳 斥（其不争气）

   罢（笔）（剪）子 哩 涂 珊

2. 庄典语体中，并非所有的单音词都是嵌偶词。下面列出了几个不是嵌偶词的庄典单音词。请从句法结构、语义特征和语体三方面归纳这类词与嵌偶词的异同。

   命（命三团立即出击） 愿（愿大家节日快乐）

   望（望你们白头偕老） 之（荣誉之校） 其（将其推开）

2

第二章

什么是嵌偶单音词

第一节 单音成分问题

请先观察一下下面的语言现象，分析它们的语法特征，然后提炼出它们代表的语言规律。①

（1）人 看 吃 鸡 以 之 跟 则 阿 老 第 者
璃 菠 琶 蝴 艾 皑 黯 昱 敌 案 避 颇

上面一共有 24 个字。“字”是书写符号（或书写的单位），与语法无关。汉语大多数单字都有意义。为了区别书写单位和语法单位，本书用“单音节语言单位”或者“单音成分”替代“单字”，指称汉语语法系统的单位。那么，这些单音单位有什么语言特征？反映了什么语言规律？从什么角度去分析它们呢？

普通语言学认为：语言是一套系统，语言现象之间是有系统

① 现代汉语多数单字都对应一个或多个意义和若干语法功能。本书的目的不是讨论每个单字到底能够对应多少种语法单位，更不是辨析字义。为了避免纠缠于字词义的对应问题，本书用举例的方法对这些单字意义和语法功能予以限定，即：
人：人是有感情的。| 看：这部剧我看过了。| 吃：我吃了饭了。| 鸡：今天东家买了一只鸡。| 以：全面建成小康社会要坚持以科学发展观为指导。| 之：订户投诉率明显下降，月平均为千分之 0.2。| 跟：小王跟小芳是好朋友。| 则：她白天抢种、抢收，晚上则一个人到鱼塘守夜。| 阿：阿公、阿茂 | 老：老师、老虎 | 第：第一、第 320 名 | 者：听者、竞买者 | 璃：玻璃 | 菠：菠萝 | 琶：琵琶 | 蝴：蝴蝶 | 艾：方兴未艾 | 皑：白雪皑皑 | 黯：黯然失色 | 昱：昱日 | 敌：与我为敌 | 案：目前警察正进一步调查此案。| 避：不避风险 | 颇：最近，这首歌在网上颇受欢迎。

性的联系的。立足这样的观点去梳理上述24个单音成分在语言系统中的各种关系，最直接的做法就是去看这些单音成分在汉语中的“分布”。“分布”的依据就是这些单音单位的组合和聚合关系。根据其聚合关系和组合关系，上面24个单音成分可以分成如下六类：

（2）人　看　吃　鸡

（3）以　之　跟　则

（4）阿　老　第　者

（5）璃　菠　琶　蝴

（6）艾　皑　黯　昱

（7）敌　案　避　颇

上面六组例子最明显的共同特点是：都是单音节。最明显的不同点是：六组例子在语言中的分布不同，也就是它们在聚合和组合方面的表现不同。

从意义上来讲，例（2）中的四个单音成分（“人”“看”“吃”“鸡”）都有实际词汇意义。从语法功能上来讲，它们都能单说和单用。

从意义上来讲，例（3）中的四个单音成分虽然没有实际词汇意义，但都有语法意义。在语法功能上，它们都不能单独作为一句话出现，也就是不能“单说”。但是它们都可以独立地出现在某个句法位置上，有特定的句法功能。

例（4）中的四个单音成分也是有意义的。但它们的意义不同于例（2）的词汇意义，也不同于例（3）的语法意义，它们的意义与词汇的类别属性相关。从语法功能上看，该组的四个单音成分都不能单说，也不能在句子中独立占据任何句法位置。在与其他成分组合时，它们的组合位置是固定的：“阿、老、第”与别的成分组合时都放在前面，“者”都放在后面。

例（5）中的单音成分都没有具体的意义。它们从不单说，也不单用。这四个单音成分只能与固定对象组成一个具有词汇意义的词。

例（6）中的四个单音成分虽然有词汇意义，但不能单说。它与例（2）相似但不同，例（2）中的四个单音成分都有词汇意义，但是都能单说；例（6）的单字如果要“单说”，就必须与其他成分组合在一起。如“皑”组成“白雪皑皑”就能单说。而含有例（6）单音成分的组合都已成词。这意味着该组中的四个单音成分都无法独立地、作为一个词出现在句法位置上。

例（7）中的四个单音成分都有词汇意义，但不能单说。这与例（6）相同。要想单说，这些单字也必须和其他成分组合。如“案”不能单说，但是“案件”可以。例（7）与例（6）最明显的区别在于：例（7）中的四个单音成分更加自由。它们都能独立出现在句法位置上。例（7）中的单音成分在句子中的分布情况与同类词性的词相差不多。比如“案”与“案件”相比，都可以组成主谓结构（如：案发—案件发生）、动宾结构（如：审案—审查案件）、与方位词搭配（如：案中—案件中）、与介词搭配（如：以案为鉴—以案件为基本素材），等等。能与“案”结合的单位种类较多。因此，“案”的结合面宽，而且包含“案”的组合很多都是短语，而不是词。换句话说，“案”可以作为一个词出现在句法位置上，也可以作为一个词自由地和其他单位组合。因此，“案”是一个句法自由的单音词。例（7）中的其他单音节单位也与“案”的情况相同。这是例（7）和例（6）的根本区别。

上面用传统结构主义的分析方法从意义和语法功能两个标准对例（1）中的 24 个单音成分进行了考察和梳理。梳理的结果可以表示为下表：

表 2–1　例（2）— 例（7）单音成分的语法分布图

例 \ 语法分布		意义			用法		
		词汇意义	语法意义	类别意义	单说	在句法位置上独立出现	组合结果只能是词
（2）	人、看、吃、鸡	+			+	+	
（3）	以、之、跟、则		+			+	
（4）	阿、老、第、者			+			+
（5）	璃、菠、琶、蝴						+
（6）	艾、皑、黯、昱	+					+
（7）	敌、案、避、颇	+				+	

从表 2-1 可以看出，用对比分类（comparison and classificatioin）的描写方法，可以清楚地展现出每组单音成分所具有的分布特征和意义类型。这些分布特征和意义类型都是单音成分的“语言特征”。每组单音成分具有独特的语言特征。

20 世纪初，在国内引入结构语言学理论之时，学者们就尝试着用上文提到的各种语言特征对汉语的单音成分进行分类，并冠以不同的名称。在国内，吕叔湘（1962）、朱德熙（1982）等多位学者把语素定义为最小的意义单位或者最小的音义结合单位。以此为依据，除了例（5）以外其他各组单音成分都是语素。吕叔湘（1963）、Chao（1968）和朱德熙（1982）等以能否“单说”（独立作为一句话）为标准，区分现代汉语的“自由语素”和“黏着语素”。由此，例（2）是自由语素，例（3）、例（4）、例（6）和例（7）都是“黏着语素”。很多学者（史存直，1956a、1956b、1957；陆志韦，1957；吕叔湘，1959、1972；董秀芳，2004，等等）以能否独立出现在句法位置上为标准区别词与非词，按此标准，例（4）、例（5）和例（6）都不是词，例（2）、例（3）毫无疑问都是词，例（7）则有时是词，有时是构词成分。而例（4）不能独立出现在任何句法位置上，它的意义也与词汇意义或语法意义不同，它被称作“词缀”。综上，针对汉语单音成分语法性质的判定问题，国内传统结构主义学者对上述单音成分的命名情况可以用表 2-2 表示。

表 2-2 例（2）—例（7）单音成分的类型

类型 / 例		语素				语素构成单位
		自由语素	黏着语素			
		词		构词成分	词缀	
（2）	人、看、吃、鸡	+				
（3）	以、之、跟、则		+			
（4）	阿、老、第、者				+	
（5）	璃、菠、琶、蝴					+
（6）	艾、皑、黯、昱			+		
（7）	敌、案、避、颇		+	+		

表 2-2 列出了传统结构主义研究对上述单音成分（例（2）—例（7））的分类，以及每类单音成分的命名。其中，“语素构成单位”就是只用来构建语素的单位。从表中可以看出，“词、语素、构词成分”以及“自由、黏着”等概念多有交叉。

以例（7）为例。如果单纯以意义和语法功能为标准分类，那么例（7）中的单音成分既可以做构词成分也可以做词，但是它们都不能纯粹地“单说”。要想“单说”，就必须与另一成分组合。它们的语法性质在某一条件下是词，在另一条件下是构词成分。与此相对，作为自由语素的例（2）既可以做词，又可以做构词成分，它们“单说”的时候，不用和任何成分组合，所以例（2）就是自由语素。可见例（7）的语言特征及其命名与例（2）的单音成分不同。例（7）所代表的单音成分，是本书的研究对象。在以往研究中，很多学者把这类单音成分称作“半自由语素”[①]。但有的学者用“半自由语素”指称那些可以独立做句法成分的、可以单用，但不能单说的单音成分，也有的学者用“半自由语素”指那些可以独立做句法成分，但分布不如自由语素自由的单音成分。两者的说法虽有差别，但对例（7）的看法是一样的。

正如上文所说，“半自由语素”这样两兼的定义不够科学。那么怎么认识例（7）这样的单音成分呢？从韵律语法学的角度看，除了可以从意义和语法功能分析例（7）中的单音成分外，我们还可以从韵律角度来进行观察。冯胜利（2003、2006）曾从韵律语法学的角度指出，例（7）中的单音词独立出现在某种句法位置上时，必须和邻近的单音成分组成双音节才合法。他把这

---

① “半自由语素”所指称的现象曾经在以往研究中有过不同的名称，如“临时单音词”（程远，1758），“半黏着单音词”（许德楠，1981），“不完全词”（李作楠等，1985），等等。也有学者依据各自不同的理由来阐释半自由语素的含义。但是这些名称和解释，在我们看来，都有一个共同的特点：都认为半自由语素是有时自由，有时不自由，或者有时为词，有时为构词成分。因此，本书用“半自由语素”指代所有这类看法。

样的单音词命名为“嵌偶单音词”（以下简称“嵌偶词”）。他指出嵌偶词是指“韵律黏着，句法自由”的单音词。在句法上，例（7）这类单音成分是与其他词一样自由的单音词，它们在用法上之所以会受限（不能单说，不能出现在某个句法位置上），是因为它们在韵律上是黏着的。韵律原因导致它们不如一般的“自由语素”自由。

这一发现是从新角度提出的新现象。他发现了例（7）单音成分的一种重要的语言特征：除了满足句法语义规则外，这类单音成分必须嵌入双音韵律模板才能使用，否则非法。从韵律语法学角度，用形式公式来表示，如下：（“qo”代表“qiàn'ǒu，嵌偶”）：

（8）嵌偶公式：*[σ]qo, unless it is in a [ ] disyllabic template *[Qoσ]，除非嵌偶词（Qoσ）出现在双音模板中。

这一公式的意思是：嵌偶词只能在双音模板中出现，否则非法。

这一语言特征与以往单纯从功能和意义的描写角度有所不同。它描述的是韵律特征。换一个角度看，虽然例（7）这类单音成分被某些学者称作“半自由语素”，但并不是所有以往被学者们称为“半自由语素”的单音成分都必须嵌入双音节韵律模板。从这个角度看，嵌偶词其实是用韵律语法学发现的一批新的单音词。它具有独特的韵律特征和语体特征。嵌偶词的例子还有很多，比如：

（9）敌（强敌） 校（离校） 案（结案） 语（此语）
胞（藏胞） 宾（女宾） 宜（不宜） 易（不易）

妥（甚妥）　颇（颇冷）　重（重做）　暗（暗查）
倍（倍感）　徒（徒添）　避（避雨）　知（知书达理）
趋（趋同）　悖（并行不悖）　愈（大病初愈）
感（突感不适）　罢（作罢、写罢）　惯（惯用）
于（优于、高于）　当（当窗、当头）

关于嵌偶单音词（以下简称“嵌偶词”）的特征，冯胜利（2006）曾提出：

“嵌偶单音词”是指当代书面正式语体中必须通过韵律组合才能独立使用的单音节文言词（亦即 a classical monosyllabic word must be formed as a prosodic word in order to be used in modern written Chinese）；换言之，嵌偶单音词要求和另一个单音词（或者也是嵌偶单音词，或者不是）合成一个“韵律词”才能合法出现。这里所说的韵律词是一个韵律单位，不是句法单位。譬如“don’t”，在英文里是一个韵律单位，然而在句法上它却是两个词（do not）。由嵌偶单音词组成的双音节单位都是句法上的两个词或两个单位。

当代正式书面语体里有大量的“句法自由”（syntactically free）但是“韵律黏着”（prosodically bound）的单音节文言词。它们使用频繁，非常能产，不仅是书面语写作中极其重要的组成部分，而且是文章庄典度的重要标志。

根据上面的描述，嵌偶词的语言特征可以概括为以下五点：

第一，出现在当代书面正式语体中；

第二，能单独做句法成分；

第三，必须通过韵律组合，即必须组成双字韵律词，或者说必须嵌入双音模板；

第四，组成的双字组是韵律组合；这一韵律组合不一定是一个独立的句法单位；

第五，是文言单音词。

下面以“避”为例。“避”在文言文中是一个自由的单音动词，如：

（10）自云先世避秦时乱，率妻子邑人来此绝境。

（《桃花源记》）

（11）仲尼曰：“神龟能见梦于元君，而不能避余且之网。”

（《庄子·神龟》）

例（10）中“避”与“秦时乱、先世”搭配，例（11）中“避”与“不能”和“余且之网”搭配。它独立出现在谓语中心词的位置上，而不用嵌入双音节韵律模板。但在现代汉语中，“避”的“自由”发生了变化，如：

（12）导游蔡玮玮发现海水涨势凶猛后，提醒大家迅速跑向岸边的酒店避险。

*导游蔡玮玮发现海水涨势凶猛后，提醒大家迅速跑向岸边的酒店避危险。

导游蔡玮玮发现海水涨势凶猛后，提醒大家迅速跑向岸边的酒店避开危险。

（13）有一天，忽然下了雨，他就近躲到一个肉铺里避雨。

*有一天，忽然下了雨，他就近躲到一个肉铺里避风雨。

有一天，忽然下了雨，他就近躲到一个肉铺里暂避风雨。

例（12）中“避”可以与“险”或“开”搭配，但是不能与“危险”搭配。例（13）中，“避”可以与“雨”搭配，或与

"暂"搭配后再接"风雨",但是不能直接与"风雨"搭配。在这些例子里,"避"的意义和语法功能与例(10)和例(11)的相同,它仍然能独立出现在动词(谓语中心词)的位置上,但是它的"自由"发生了变化。只有当它搭配另一个单音节词出现时,句子才能被汉语母语者接受。如果它没有嵌入双音节,整个句子就不自然。用韵律句法学的术语讲,这个双音节组合就是"双音节韵律模板(prosodic template)"。单音词"避"搭配单音成分组成双音组合的过程,就是它嵌入双音韵律模板的过程。必须嵌入双音模板的"避",语体色彩庄典正式,是嵌偶动词。

再如,"险"在文言文中有如下用法:

(14)自上面下来,到那去不得处,便是险。

(《朱子语类》卷第七十六)

(15)气缘不足,故不能通达而陷于险。(《本经疏证》)

例(14)中"险"可以与"是"搭配,例(15)中"险"与"陷于"搭配。"险"是单音节名词,可以独立出现在宾语位置上,做双音节动词的宾语。但在现代汉语中,"险"的用法也发生了变化,如:

(16)她终于爬上高山钻进了树林才脱险。

*她终于爬上高山钻进了树林才脱离险。

(17)1月26日清晨,一些灾区群众在户外避险。

*1月26日清晨,一些灾区群众在户外躲避险。

例(16)中"险"可以与"脱"搭配,但不能与"脱离"搭配。例(17)中"险"可以与"避"搭配,但不可以与"躲避"搭配。"险"仍然是名词,但是它不能再与双音节动词搭配,它必须嵌入一个双音节模板才能合法出现。

上两例表明，从文言到现代汉语，“避、险”的自由度发生了变化。但这个变化不是句法属性的变化，而是韵律属性的变化。在文言里句法、韵律皆自由的“避”，在现代汉语中必须嵌入一个韵律模板，变成一个庄典正式的单音词。但变化后的“避”在句法上，和文言中的“避”一样，仍然都是自由的单音动词，可以独立做谓语中心词，带宾语，受副词修饰。

“避、险”这类单音词现象表明：在现代汉语中有一类来自文言的单音词，它们在文言中曾是自由的、独立的词，在现代汉语中它们虽然在句法上仍是自由的，但是却无法再单说。它们变成了韵律黏着的单音词。我们将这些单音词称为嵌偶单音词。它有五个基本特征：嵌偶，单用，具有实际词汇意义[①]，结合面宽，以及具有庄典的语体色彩。必须同时具备上述五个特征才能称之为嵌偶词，否则就不是。本章将从这五个基本特征入手，逐一介绍这五个特征的含义以及它在语言中的实际表现。

① 词汇按照意义的实、虚，分为两种：词汇词（lexical word）与功能词（functional word）。词汇词就是有实际意义的词，而功能词就是只表示结构、领属关系、转折关系等语法意义的词。根据目前我们的观察，嵌偶词都是具有实际词汇意义的单音词。换句话说，嵌偶词都是必须嵌入双音韵律模板的庄典词汇词。那么现代汉语是否也有庄典的功能词呢？答案是肯定的。孙德金（2012）曾经讨论了现代汉语书面语中的文言语法成分，比如代词“其”、助词“之”“于”、介词“以”和助词“所”。在我们看来，它们都是庄典的单音虚词。

第二节 什么是“嵌偶”

本节主要介绍什么是“嵌偶”，同时说明嵌偶词在现代汉语中“嵌偶的表现”及其原因。另外，嵌偶词在句子中与其他成分嵌偶，组成的结果是嵌偶韵律词。本节的最后一个部分会对嵌偶韵律词的一些语言特征进行简单描述。

一、韵律黏着的属性——嵌偶

很多人曾把本书称作嵌偶词的单音成分叫作“黏着语素”，主要是因为它不能单说，要想单说，必须和其他单音成分组合。如“这是什么？”不能回答“*校”，只能回答“学校”，所以“校”是黏着语素。但是从韵律语法的角度看，“校”之所以不能单说，不是因为它句法不自由（关于“校”的句法自由，请参见本章第三节），而是因为它韵律不自由。我们把“韵律上的不自由”，或者“因为韵律规则导致的不自由”叫作“韵律黏着”。“校”就是一个韵律黏着的单音词。不仅如此，韵律对“校”的“黏着”还有一个要求：就是必须“成双”。所以，“校”其实是一个在句法上自由，但是在韵律上必须“成双”的单音词。“双”即为“偶”，“成双”即是“嵌偶”，就好像是嵌入双音节的模板。所以“校”被称作“嵌偶单音词”。类似“校”这样的单音词还有很多，如上文中提到的“敌（强敌）、校（离校）、案（结案）、语（此语）、胞（藏胞）、宜（不宜）、易（不易）、妥（甚妥）、颇（颇冷）、重（重做）、暗（暗查）、倍（倍感）、徒（徒添）、避（避雨）、知（知书达理）”等。这些必须成双的单音词都是我们所说的“嵌偶单音词”。“嵌偶”就是这类单音词的韵律黏着的属性，或者说是嵌偶词的韵律属性。

嵌偶（单音）词是一种单音词。在现代汉语中，与一些基本单音词相比，它的韵律属性既独特又明显。它必须嵌偶才能出现，否则非法。用专业的术语来讲，嵌偶词所嵌入的“偶”是一种“双音节韵律模板（prosodic template）”，这个模板的形式就是 [1 1][①]。在韵律上，嵌偶词只能与一个单音节语法成分组成 [1 1] 的模板形式，而不能与其他音节形式组成 [2 1]、[1 2]、[1 3] 或 [3 1] 等其他节奏形式。嵌偶词在句子中出现时，受到这条韵律规则的严格限制。举个例子来说，名词可以和方位词组合，如“桌子上面、教室外、书里面”等，嵌偶名词是名词，它也可以和方位词组合，但是它与方位词组合时必须严格遵守双音节韵律模板 [1 1] 的条件。如可以说“校内、校外、校前、校中”，但不能说“* 校外面、* 校前面、* 校中间”等。合法的嵌偶名词在韵律上都必须能够满足 [1 1] 韵律模板。还有，一般单音动词带宾语时，宾语名词的音节数目没有限制，如“我打算买本张爱玲的小说”。但是嵌偶动词带宾语却受到严格的韵律限制：它出现时必须在韵律上满足 [1 1] 的韵律模板。这样嵌偶动词带宾语就只能带单音宾语，而不能带双音宾语。如可以说“准行”或“不准通行、方准通行”，而“* 准通行”就不合法。又如不能说“* 我们应该避

① 1、2 等指音节数。

毒蜘蛛”。但是，单就“避毒蜘蛛”这一结构而言，如果它的语音节奏是 [1 3]，母语者会感觉它的节奏不自然；但如果这个短语的节奏变成了 [2 2]，那么节奏感觉就变得很自然，但同时对词语的理解会也发生变化，变成“[避毒][蜘蛛]”，把原来的动宾结构解释为定中结构。在这里母语者按照自己觉得更为自然的韵律节奏重新组合了四个字的排列顺序，同时也改变了句法结构。导致这一重新组合的原因，是因为“避”在韵律上要嵌入 [1 1] 的韵律模板。

有人可能会问，一般来说四字组合的节奏都是 [2 2]，那么说“避毒蜘蛛”[1 3] 节奏不自然，是否就是因为它违反了一般的 [2 2] 节奏？怎么证明“避”落单不合法这一结论呢？要知道，不是所有的四字组合都必须变成 [2 2]，比如“买过了吧”“亮晶晶的”。没有人会把这些组合说成 [买过 | 了吧]、[亮晶 | 晶的],“了”和“晶”不会加重音，而是紧贴前面。所以母语者对“避毒蜘蛛”的节奏切分与“避”本身的韵律性质有重要关系。

二、嵌偶的表现

如果说嵌偶词是必须嵌入双音节韵律模板 [1 1] 的单音词，那么嵌偶词在“嵌偶”上有什么具体的表现呢？下面，本节将对不同种类的嵌偶词的“嵌偶”表现进行介绍。

（一）嵌偶名词

典型名词[1]可以出现的位置一般包括：①被形容词修饰；

① 本书中“一般名词”或“典型名词”都是指与“嵌偶名词”相对立的不用嵌偶的名词。其他词类也采用类似说法指代。

②与指示代词搭配；③与方位词搭配；④做宾语。嵌偶名词也可以独立出现在这些位置上，但是与一般名词相比，它在韵律上必须嵌入双音节韵律模板。

表 2–3 嵌偶名词的韵律表现

	嵌偶名词		一般名词	
与方位词搭配	镜旁	*镜旁边	书旁	书旁边
	颈后	*颈后面	脖子后	脖子后面
	园外	*园外面	楼外	楼外面
	途中	*途中间	路中	路中间
	额上	*额上面	头上	头上面
	颊上	*颊上面	脸上	脸上面
	掌中	*掌中间	手中	手中间
做宾语	无资	*没有资	无钱	没有钱
	备餐	*准备餐	备饭	准备饭
	付薪	*支付薪	付工资	支付工资
与代词搭配	该校	*这个校	该楼	这个楼
	我国	*我们国	我们国家	
被形容词修饰	新校	*新式校	新学校	新式学校
	大案	*重大案	大案件	重大案件
	小窗 破窗	*小破窗	小窗户 破窗户	小破窗户

由上表可以看出：①嵌偶名词“镜、颈、园、途、额、颊、掌”与方位词搭配时，只能与单音节的方位词“旁、后、外、

中、上”组合，不能与对应的双音节方位词“旁边、后面、外面、中间、上面”组合。但是对应的一般名词“书、脖子、楼、路、头、脸、手”没有这样的限制。②嵌偶名词做宾语时，只能做单音动词“无、备、付”的宾语，但不能做双音动词“没有、准备、支付”的宾语。③嵌偶名词“校、国”与代词搭配时，也是只能与单音代词“该、我”搭配，不能与双音代词和“我们、这个”组合，而一般名词没有这样的限制。④嵌偶名词被形容词修饰时，也是只能被单音节形容词“新、大、小、破”修饰，不能被双音节形容词“新式、重大、小破”修饰，而一般名词没有这样的限制。由此可见，一般名词在句子中出现的情况与嵌偶名词不同。无论是出现在哪个位置上，嵌偶名词都受到必须嵌入双音韵律模板的韵律制约。只要没有满足韵律上必须成双的限制，整个搭配就不合法。这就是嵌偶名词的韵律属性。

（二）嵌偶动词

典型的及物动词可以带（真）宾语，受副词修饰。嵌偶动词在句法也如典型动词一样，但在韵律上却有如下表现：

表 2–4　嵌偶动词的韵律表现

	嵌偶动词		一般动词	
带宾语	返京	*返北京	回京	回北京
	惧敌	*惧敌人	怕敌	怕敌人
	避债	*避债务	躲债	躲债务
	畏权	*畏权势	怕权	怕权势

（续表）

	嵌偶动词		一般动词	
被副词修饰	不畏权势	* 不再畏	不怕	不再怕
	已返北京	* 已经返北京	已回北京	已经回北京
	只需面包	* 只是需面包	只是要面包	只要面包
	苦觅药方	* 苦苦地觅	苦找	苦苦地找

在上表中，嵌偶动词“返、惧、避、畏”带宾语时，只能带单音节宾语“京、敌、债、权”，但不能带双音节宾语“北京、敌人、债务、权势”。但是一般动词没有这样的限制。我们知道，在现代汉语中 [1 2] 的动宾格式本是常见的结构形式，但是当做谓语的动词为嵌偶动词时，却只能是 [1 1] 动宾搭配。再如，嵌偶动词“畏、返、需、觅”被副词修饰时，只有被单音节副词“不、已、只、苦”修饰时才合法，被双音节副词“不再、已经、只是”和三音节副词短语“苦苦地”修饰时就不合法。而一般动词也没有这样的限制。另外，只有当嵌偶动词与副词嵌偶，满足韵律成双的要求之后，它才能够带双音节动词。而在没有满足这一要求之前，它不能直接带双音节宾语。这些现象都是由于嵌偶动词特殊的韵律属性造成的。

（三）嵌偶形容词

一般来说，典型形容词可以做定语和谓语，后面不能带宾语。嵌偶形容词与一般单音节形容词比较，句法性质大体相同，但在韵律上则多了一个必须成双的条件。

表 2-5　嵌偶形容词的嵌偶表现

	嵌偶形容词		一般形容词	
做定语	佳友	*佳朋友	好友	好朋友
	巨树	*巨松树	大树	大松树
	故所	*故住所	旧所	旧住所
	良友	*良朋友	好友	好朋友
受副词修饰	甚佳	*非常佳	甚好	非常好
	颇巨	*特别巨	颇大	特别大

上表中，嵌偶形容词“佳、巨、故、良”可以修饰单音节名词，但是不能修饰双音节名词。而一般形容词“好、大、旧”虽然与对应的嵌偶形容词的语义相似、语法功能相同，但它们修饰名词时却没有类似的韵律限制。另外，嵌偶形容词“佳”和“巨”被副词修饰时不能与双音节副词搭配，但是可以与单音节副词搭配。一般形容词在被副词修饰时，没有类似的韵律限制。种种现象表明：“佳、巨、故、良”类的嵌偶形容词具有一般形容词所不具有的特殊韵律属性。

（四）嵌偶副词

副词的典型特征是修饰动词或者形容词。嵌偶副词与一般副词比较，有如下表现：

表 2-6　嵌偶副词的嵌偶表现

	嵌偶副词		一般副词	
修饰动词	徒费时间	*徒浪费时间	光费时间	光浪费时间
	愈思愈悲	*愈思念愈悲伤	越思越悲	越思念越伤心

（续表）

	嵌偶副词		一般副词	
修饰形容词	甚精	* 甚精明	很精	很精明
	过严	* 过严格	太严	太严格
修饰介词	单依	* 单依据	只依	只依据
	始凭	* 始凭借	才凭	才凭借

嵌偶副词“徒”只能修饰单音节动词“费”，“愈”只能修饰单音节动词“思”和“悲”，它们都不能修饰双音节动词“浪费、悲伤、思念”。嵌偶副词“甚”和“过”只能修饰单音节形容词“精”和“严”，不能修饰双音节形容词“精明”和“严格”。嵌偶副词“单”和“始”只能修饰单音节介词“依”和“凭”，不能修饰双音节介词“依据”和“凭借”。而与之对应的一般副词，虽然语义相似，语法功能相同，但是却没有类似的韵律限制。导致嵌偶副词必须与邻接搭配成分嵌偶成双的仍是嵌偶副词的韵律性质。

从以上分析可以看出，嵌偶词与一般单音词的相同之处在于：只要满足句法语义的条件限制，就可以自由地出现在同词类所能够出现的句法位置上。不同之处在于：嵌偶词必须成双，不能落单或者组成三音节，而一般单音词没有类似限制。这是现代汉语嵌偶词所独具的韵律属性所致，也是嵌偶词“韵律黏着”的表现。

三、嵌偶的原因

在现代汉语中，嵌偶词必须成双才能合法使用，这是嵌偶词韵律黏着的表现。那么为什么嵌偶词必须嵌偶成双才能合法呢？

这是一个复杂的问题。不过对这一问题的解释离不开两个方面：一是制约现代汉语语法体系的韵律规则，二是现代汉语语体的韵律特征。这两个原因共同导致了嵌偶词“韵律黏着”的现象。其中，第一个原因更为根本。

韵律语法分为韵律词法和韵律句法两个方面。与句法相关的韵律现象一般表现为句法成分的移位、删除和合并，它与句法成分的相对轻重相关，相关原则如核心重音理论（Nuclear Stress Rule）、尾重原则（End Rule / ER）、无声拍相连原则（Silent Demibeat Alignment / SDA）以及节奏调整原则（Rhythmic Adjustment / RA）等等。与词法相关的韵律现象，表现在词长、词的形态、复合韵律词和词重音等方面，相关规则如复合词重音理论（Compound Stress Rule / CSR）和与汉语形态相关的韵律规则等。与嵌偶词相关的韵律规则属于韵律词法方面。嵌偶词必须嵌偶的现象与韵律词法的制约规则相关。嵌偶词在古代汉语中出现时不必嵌偶，但是在现代汉语中却必须嵌偶成双。虽然语义相同，语法功能相同，但是嵌偶词在古今的韵律性质发生了变化。这一变化与句法规则的演变无关，而与词法韵律规则的变化相关。

制约古汉语词法的韵律规则和现代汉语的不同。在诸多词法韵律规则变化之中，最明显的一点就是汉语词汇的双音化[①]。古代文言词汇体系以单音词为主，现代汉语的词汇体系以双音为主。“以双音为主”的意思主要是指现代汉语中出现了很多古代汉语中没有的双音词，如“国家、妻子、学校、工厂”等。导致汉语

---

① 关于这一问题，可以参见本系列丛书中的《汉语的双音化》。

双音化的原因，解释很多，但是哪种解释都离不开说明“为什么词汇体系是由单音变双音”的问题。这一问题解释的根本还是在韵律规则。

关于双音化的现象，冯胜利（2005a：82）曾指出，汉语的双音化来源于汉语的双音节音步，而汉语的双音节音步则源于上古汉语的音节简化和声调的出现。[①] 根据他的研究，在复辅音丢

---

① 换一个说法，音节简化和声调的出现共同导致了汉语由韵素敏感型语言转变为音节敏感型语言。构成语言韵律层级（Prosodic Hierarchy）的基本要素有韵素（或称“莫拉”）（mora/μ）、音节（syllable/σ）、音步（foot）和韵律词（Prosodic Word/PrWd）等。韵律层级在不同语言中与语法单位的对应情况不同。以音步为例：音步分为两种。一种音步由韵素直接组成。这种音步存在于“对音量敏感”的语言（即“音量敏感型”语言（Quantity-Sensitive/QS Language））中。如英语是一种“对音量敏感”的语言，它的音步由韵素（mora）组成。另一种音步由音节直接组成。这种音步存在于“对音量不敏感”的语言（即“音量迟钝型”语言（Quantity-Insensitive/QI Language））中。如现代汉语是一种“对音节不敏感”的语言。它的音步由音节直接构成。两类语言的区别表现在语言中是否有重音节（heavy syllable）和轻音节（light syllable）之分。重音节（heavy syllable）是含有两个韵素的音节，如英语的长元音 /iː/ 或双元音 /ei/；而轻音节（light syllable）只含一个韵素，如短元音 /ɪ/。如果该语言中有轻重音节之分，那么这个语言的音步就是以韵素建立的；反之则是“音量迟钝型”语言，音步由音节构成。冯胜利（1997：4）指出，在现代汉语中，由于声调的作用，音节没有重轻之分。不管音节内含有几个韵素，在以汉语为母语的人看来，两个音节一样重。比如“擦”/ts‘a/ 和“窜”/ts‘uan/，虽然“擦 /ts‘a/”中只有一个韵素 /a/，而“窜”/ts‘uan/ 有三个音素 /u/、/a/ 和 /n/，但两个音节读起来感觉一样重。因此现代汉语中并列字串和长字串的韵律节奏往往是两字一顿，如“布宜/诺斯/艾利斯”。七字并列、没有意义的组合，无论字内的韵素有多少，都会被汉语母语者切成 [2+2+3] 的节奏。这一现象反映了母语者对汉语音节内的韵素不敏感而对音节敏感的事实。所以说，现代汉语中没有重音节和轻音节之分，汉语是音量迟钝型语言，它的音步由音节直接组成。

失、音节简化、声调出现后，本来是韵素敏感的汉语音步，变成了音节敏感的音步。汉语音步的直接构成成分变成了音节。汉语的单音节成分多数都有意义。音步类型的变化导致制约汉语的韵律词法规则发生了变化。在音步还是韵素音步的时候，上古汉语的单音词，不必成双，就可以在句子中自由使用。但是在音步变成音节音步的时候，汉语则出现了双音化的倾向。文言中的单音也许还是可以不必成双就自由使用，但是以音步为模板的双音节组合单位开始增多。此时文言的单音词与上古汉语的单音词，虽然看似都是韵律上自由，但两者的实质表现不同：前者没有大量的双音倾向，后者有大批的双音组合。而且变化后的诗律节奏也以双音节为主。在文言中，由音节音步导致的双音节模板是书面语言或正式语言的节奏形式。

到了现代汉语，以双音音步为模板的新造词大量出现在口语中。在白话文运动“我手写我口”的倡导下，很多口语的词法、句法都用来替代文言词句用以表达正式的语言。但是正如冯胜利（2003a、2006、2010、2014）等多篇文章提到的那样，人类的交际场合无论怎样都要有正式和非正式、庄典和正式的区别。交际场合的区别注定了在这些场合说的话不一样。最常举到的例子就是朋友之间聊天，提到自己的父母，会说“我爸、我妈”；大会发言，提到父母，常见的是“我父亲、我母亲”。在家让孩子吃饭，多数人就直接说“吃吧！”但在某正式场合让别人吃饭则会说“请各位用餐”。可见，用意相同，但不同场合选用的语言形式不同。在现代正式语体出现之前，“五四”之前，文言是正式语体形式。但文言被打倒后，文言不再做正式语体了。但文言的成份却被保留下来，融入白话，构建了现代汉语的庄典体。嵌偶词是这语法体系之一员。

嵌偶词是古代单音词被借入（或融入）现代汉语中表示庄典语体色彩的单音词。但它遵循的语法是现代汉语的语法规则。它被借入的时候，保留了它的语法意义和语法功能，但在韵律上却是必须嵌入一个双音节的韵律模板才能“现代化”。这个双音节模板本身带有庄典的语体色彩，是庄典语体的韵律节奏。这也是冯胜利（2006：9）所说的“双音节表示庄重的语体色彩”。含有嵌偶词的双音模板韵律分量充足（没有轻声），它是庄典语体的节奏形式，本身带有庄典正式的语体色彩。也正因为如此，一旦嵌偶词不再能进入这个模板，它或者不合法，或者不再具有庄典的语体色彩。这与其语体色彩变化有关。举例来说，“国”是嵌偶名词，当它嵌入双音韵律模板时，整个组合具有庄典色彩，如“本国、我国、一国”等。但是如果这些组合因为某种原因被拆开时，就失去了“文雅”色彩。比如“出过一次国”中“出国”被拆开，“国（=国境）”单用，整个组合不再具有庄典色彩。

总之，汉语音步类型的变化导致现代汉语的音步由音节直接构成。由此带来的一个结果就是：韵律分量充足的双音节模板可以在现代汉语的正式语体中带有庄重典雅的语体色彩。嵌偶词只有嵌入这个模板中，才能是庄重典雅的单音词，否则或者不合法，或者失去庄典的语体色彩。

四、嵌偶韵律词

嵌偶词组成的双音节形式就是“嵌偶韵律词”。比如由嵌偶名词“校”组成的“来校、在校”等就都是嵌偶韵律词。嵌偶韵律词是包含嵌偶词的双音节组合，它与语法中的词和短语并没有一定的对等关系。

从语法性质上看，嵌偶韵律词可以是短语。如嵌偶名词“校”在“他们在校表现良好”这句话中，与介词（“在”）搭配，组合成介宾短语“在校”。“在校”是嵌偶韵律词，也是短语。再如嵌偶动词“避”，它在“孙老师不避寒暑，每天伏案练字。”中组成“不避”。“不避”的语法性质是短语，也是含有嵌偶词的嵌偶韵律词。嵌偶韵律词也可以只是一种临时组合。如“荣誉之校”中“校”与“之”嵌偶，在节奏上仍然满足 [1 1] 的韵律模板要求，“之校”是嵌偶韵律词，但却不是一个独立的短语，而只有一种临时组合。

在嵌偶韵律词中，可以只有一个成分是嵌偶词（如上文提到的“不避、在校”中“避”和“校”），也可以两个成分都是嵌偶词（如“尤擅”中的“尤”和“擅”都是嵌偶词）。

第三节　什么是句法自由

上文说过，嵌偶词是“句法自由，韵律黏着”的单音词（冯胜利，2006；黄梅，2012），并且说明了嵌偶词韵律黏着的含义、表现、原因和结果。本节所要说明的是嵌偶词句法自由的含义。

根据《汉语书面用语初编》（冯胜利，2006）的统计，一共有四类嵌偶词：嵌偶名词、嵌偶动词、嵌偶形容词和嵌偶副词。每一类嵌偶词在句法上都有自己独特的句法分布。这些现象既是嵌偶词句法自由的表现，也是嵌偶词作为词的证据。嵌偶词独立出现在句法位置上的现象颇多，为此本书单立一章进行说明（参见第三章）。另外，如果大家查阅与嵌偶词相关的研究，就会发现，很多研究在判定嵌偶词语法性质的问题上、在理解“自由”的问题上与本书观点不同。这些研究对“自由”的解释和对嵌偶词语法性质的理解有很多值得再讨论。这是一个理论问题，我们把这个问题的讨论也单独作为一章（第四章）进行说明。本节只对“句法自由”的含义作出介绍。

嵌偶词是词，是因为它在句法层面上是“自由”的（即“句法自由”）。而它之所以“黏着”，是因为它在韵律上必须“成双”。但嵌偶“成双”不是语法原因，只是韵律原因。语言研究不能把来自两个不同层面的制约因素混为一谈。在句法上，嵌偶词就是自由的词。

那么什么是“句法自由”呢？“句法自由”就是指嵌偶词可以独立地做句法成分。怎么证明两个词结合以后其中一个可以独立做句法成分呢？换言之，怎么证明两个“字”的组合不是复合词而是短语呢？最好的证明就是这两个字（= 词）的组合不可能是复合词词法的产物。譬如“该校、此校”，其中“该、此”都是句法上的功能成分：限定词 D（=determiner），是短语的标志，不是词汇的成分。因此，在“该校、此校”里面的“校”一定是短语里面独立的词。这是我们证明嵌偶词“句法自由”的第一种证据。其次是看它如何独自占一个句法位置。第二章例（8）中列出的嵌偶词都可以独自占据一个句法位置。比如“校”在“请于明日来校。”中是独立做宾语的，嵌偶词“单”在“单从他的话中”这个短语中也是独立做状语的。这些都是独立出现在句法位置上的表现。不仅如此，嵌偶词的结合面宽，可以出现在同词类典型成员出现的位置。比如“学校”是名词，“校”是嵌偶名词，“学校”能够出现的位置，“校”多半也能够出现。①

第四节　什么是庄典语体

本节介绍“庄典语体”的含义，并从三个方面说明嵌偶词作为庄典单音词的表现。这三个方面包括：庄典语体与正式语体的对比，嵌偶词搭配成分的语体色彩，嵌偶词与古汉语句式的结合。

一、“庄典语体”的含义

冯胜利（2010b：400）提出，语体是说话的体式，“是一种话语交际的‘体’（方式或结构系统）”，“语体是直接交际的产物。语体的‘体’应当指说话者和听话者在交际时产生和遵循的原则与规律”。语体结构示意图如下（冯胜利，2010b：404）：

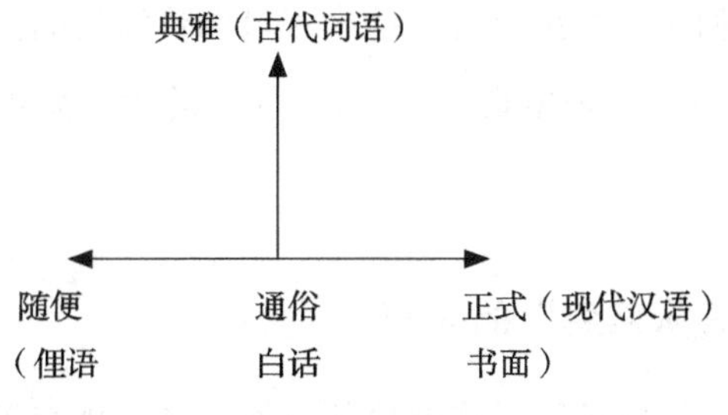

语体结构示意图

① 不排除嵌偶词也可以成词。

依原文观点，此图中，通俗体是白话体，它是“既不正式又不随便的中性零度语体”。正式体和随便体处于横轴左右两级。庄典体则是现代汉语中的古代成分。“庄典体的效应来源于历时的距离感（抬高或拉平自己相对对象的位置）。正式度和庄典度不一样。”

在冯胜利（2014）中，“典雅体”一词被“庄典体”替代。他提到，庄典语体是用古今语言的差异拉开说话者与听话者之间的交际距离，其功用在于表示“话语的庄典度”，“以此突出说话者的文化地位和教育背景，或者表达发话者的敬畏心理（如祭神祀祖的场合）。而这也是为什么现代汉语还要用古汉语词语的原因”。

从这一角度出发，庄典语体具有如下特征：①与正式体不同。②现代汉语中，构成庄典体的语言成分是古代词句。③庄典体在现代汉语中的作用是突出“言者”的文化地位和教育背景。这与正式体的效应不同，正式体是让人感到说话的场合是严肃的，说话者的态度是严肃的。

嵌偶词本是一批源自古汉语的单音词。与现代汉语基本词汇中的单音词相比，这批单音词的出现可以让汉语的语体变得更加“庄典”。从另一个角度说，“庄典语体”的表达离不开这批词的存在。

二、“庄典语体色彩”的表现

嵌偶词的语体色彩是庄典语体。而庄典语体与正式语体的语体色彩不同。其不同之处表现在三个方面：①直接与正式语体比较时，带有嵌偶词的语言形式更“庄典”。②与嵌偶词搭配的成分多为庄典的成分。③嵌偶词很多可以用在古代汉语的句式中。嵌偶词不会选择俚俗的语体成分搭配，只能选择庄典正式的或通用的语体成分搭配，本书称之为嵌偶词的“语体选择”(stylistic selection)。

（一）与正式语体的比较

嵌偶词的使用能使得原句语体色彩变得更为庄典。这一语体色彩与正式语体的情况不同。请看下例。

表 2-7　嵌偶词与对应的正式语体形式的比较

庄典形式	正式形式
与我军为敌	成为我们（我们军队）的敌人
（于三日之内）返校	（在三天内）返回学校
无语	没说任何话
避敌锋芒	避开敌人的锋芒
此校	这所学校
案发后	案件发生后
极为不妥	非常不妥当
已趋缓和	已经趋向缓和
可以自愈	可以自己痊愈
今日颇冷	今天非常冷
重订一份新的方案	重新订一份新的方案
身价倍增	身价成倍增加

“与我军为敌”与“成为我们军队的敌人”相比，事件所指相同，只是前者的语体色彩与后者不同。“与我军为敌”即便可以在正式场合中说，它所带色彩也是更加庄典。但反过来，“成为我们军队的敌人”却无法在庄典场合中出现。与此类似，左边

一栏的组合与右边的组合都有类似的对比。庄典的语体搭配让人感觉说话者的语言更“文雅”。这种色彩与正式（严肃）的语体色彩是不同的。

（二）与嵌偶词搭配的语体

与嵌偶词搭配的语言成分不会是“便俗”的。试比较：

表 2-8 嵌偶词与俚俗单音节成双比较

庄典形式	正式形式
无语	* 没语
避敌	* 躲敌
此校	* 这校

“无语”是嵌偶词“语”与“无”的嵌偶；单音节词“没”（后面直接带名词做宾语）是与“无”意义和语法形式对应的俚俗形式的单音词，它与“语”搭配时，虽然也是单音节与单音节组合成双音节的形式，虽然也符合句法规则，但是两者合在一起时，语体色彩上完全不搭配，导致整个组合不合“法”（语体色彩需和谐之法）。再如“此校”是嵌偶词“校”与庄典指示代词“此”的嵌偶；单音节“这”（后面直接带名词）是与“此”在形式和意义上对应的俚俗形式的单音词，它与“校”搭配时，虽然也是单音节与单音节组合成双音节的形式，虽然也符合句法规则，但是两者真的放在一起时，语体色彩也不搭配，整个组合也不自然。总之，嵌偶词可以与庄典体、正式体或者通用体搭配，但是它不能与俚俗体搭配，否则整个组合也不自然。

（三）嵌偶词与古汉语结构

嵌偶词很多可以用在古汉语结构中，整个组合非常自然，而且语体色彩庄典。如：

表 2-9 嵌偶词用在古汉语结构中

嵌偶词	古汉语结构	庄典形式
敌、校	与……为……	与我军为敌
敌、校、案	以……V……	以敌制敌 以校为家 以案学法
敌、校、语、案	此＋名词	此敌、此校、此语、此案
避	以＋动词	以避敌人锋芒
妥	“甚、极”做状语	甚妥、极妥

这里举了五种古汉语结构。嵌偶词都可以很好地嵌入这些结构之中。这同时也印证了庄典语体的语言构成成分来自于古汉语结构式的说法。

思考与练习

1. 请概括嵌偶词的五点基本特征。

2. 请说说嵌偶词与一般单音词有什么不同。

3

第三章

嵌偶单音词的分类

嵌偶词是句法自由的单音词。按照嵌偶词的语法功能，《初编》一共划分了四类嵌偶词：嵌偶形容词、嵌偶名词、嵌偶动词和嵌偶副词。作为句法自由的词，这四类嵌偶词都能独立出现在不同的句法位置上。本章的内容就是说明每类嵌偶词能独立出现的句法位置。

还有一个问题就是：凭什么说嵌偶词是以词的身份独立出现在句法位置上的呢？我们认为，如果能够证明包含嵌偶词的嵌偶韵律词是短语，那么其中的嵌偶词必定是独立出现在句法位置上的。换句话说，如果 AB 是短语，那么 A 和 B 必定是词，必定独立出现在句法位置上。这是本章论证的前提。

第一节　嵌偶名词

一般认为，典型名词能够出现的句法位置包括：① 做主语（[主谓结构 __谓语]）[①]；② 做动词宾语（[动宾结构 动词__]）；③ 被定语修饰（[定中结构 形容词 / 名词__]）；④ 与方位词搭配（[方位短语 __方位词]）；⑤ 受数量短语修饰（[数量短语 数量__]）。除此之外，名词还可以出现在：⑥ 与指示代词搭配（[指示代词__]）；⑦ 用“与、比”连接的并列结构中（[并列结构 __比__]）；⑧ 被数词直

---

① 关于各词类所能出现的句法位置，请参考朱德熙（1982）和郭锐（2002）。括号内是对这些位置的形式化的描述方法。

接修饰的结构（[数名短语 数词__]）。除此之外，还可以是：⑨系动词带名词（[系表结构 系动词__]）；⑩被“的/之”字修饰（[的/之__]）；⑪介词宾语（[介宾结构 介词__]）。

在上述大部分位置上，嵌偶名词可以像其他典型名词一样独立出现。但是在某些位置上，它不能出现。下面就对嵌偶名词的出现情况进行说明。

一、独立出现

以上述结构为基础，论证嵌偶名词的句法性质，要考虑两个问题：哪些结构只能是短语？哪些结构与复合词结构相同，但也是短语？如何说明嵌偶名词确实是以独立的词的身份出现的？下面将从生成语法的角度，依照不同的句法结构，对嵌偶名词的出现情况进行分析。

（一）[名方组合__方位词]

嵌偶名词可以与方位词搭配，组成方位短语。这与一般名词的情况相同。

表 3-1 与方位词搭配时，嵌偶名词与一般名词的比较

方位词	嵌偶名词 + 方位词	一般名词 + 方位词	方位词	嵌偶名词 + 方位词	一般名词 + 方位词
边	鬓边	鬓发边	内	境内	边境内
旁	镜旁	镜子旁边		狱内	监狱内
后	颈后	脖颈后	里	狱里	监狱里
外	园外	公园外边	上	颊上	脸颊上
中	途中	半路中		肩上	肩膀上
上	额上	额头上	中	掌中	手掌中

从句法的规则看，嵌偶名词与一般名词都可以和方位词搭配。从这个角度上说，嵌偶名词和典型名词的分布相同。

那么，嵌偶词在这一结构中是独立做句法成分的吗？生成语法家们把 [名词+方位词] 组成的结构当作“方位短语（Locative Phrase/LP）”。方位词（Locator/L）是整个短语的核心（head），名词位于指示词（Spec）的位置上。（Charles N. Li and Sandra A. Thompson，1981；Huang，2005 *et al.*）如下图：

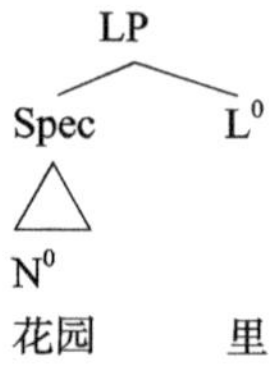

图 3–1

从生成语法的角度看：①“方位短语”与名词短语不同。前者的核心词是方位词，整体性质与方位词一致；而后者的核心词是名词，整体性质与名词一致。②名词与方位词组成的是“短语”，方位词位于核心词位置。

按照本章开头提出的前提假设，如果“方位短语”本身的句法结构就是短语，那么只要嵌偶名词出现在该结构中，它就是独立出现在句法位置上的。

从理论上说，如果嵌偶名词与方位词构成的是短语，那么它与方位词之间是句法关系。满足一定的条件时，两者可以根据句法规则重新调整组合关系，且两个成分的语义和语法功能不会发生变化。换句话说，句法规则可以进入短语内部，重新调整短语内部的结构。如：

（1）我们要保持强大的战斗力。

（2）我们要保持强大的凝聚力。

上两句可以合并为：

（3）我们要保持强大的战斗力和凝聚力。

“强大的战斗力”和“强大的凝聚力”都是定中结构。正因为两者都是短语结构，所以合并的句法规则将两个结构的内部成分拆开，重新按照新的规则组织：将中心语合并，并用同一个定语修饰。这是句法规则进入短语的典型表现。

与此相对，类似的合并规则并不能用在复合词中。句法规则无法进入词的内部对词的构成成分进行调整。比如“煎饼”和“烧饼”虽然也是定中式结构，但是两者都是复合词。合并规则无法将这两个词的内部成分拆开，再合并成“* 煎和烧饼”。

[嵌偶名词+方位词]式嵌偶韵律词的语法性质是短语。只要满足嵌偶名词必须成双的韵律要求，句法规则就可以进入这个结构，将结构拆开并重新组合。如：

（4）额上　脸上 →　额脸上

主人是一位已有三十年茶道经验的老茶人，额脸上微微发汗，手微微抖动。

（1991-4-15《杭州日报》“茶亦有道可清心”）

（5）颈上　颊上　→　颈颊上

有些人吃后几分钟至几小时内，会出现口唇麻木、头晕胸闷、颈颊上出现潮红斑块。（2003-6-6《厦门晚报》“食醉”）

“额”都是嵌偶名词。它与方位词“上”组合，组成“额上”。合并规则可以将这两个组合的内部构成成分拆开，并在保证嵌偶名词嵌偶的条件下，重新将两者合并，变成“额脸上”。“颈”和“颊”也都是嵌偶名词，它们与方位词“上”组合形成的“颈上”和“颊上”也可以用同样的方式运作。组合后，嵌偶名词与方位词的语法功能和语义都没有发生明显变化。这证明嵌偶名词与方位词的组合确实是短语。它们的内部结构对句法规则来讲是透明的。

另外，除了上面的合并规则外，[嵌偶名词＋方位词] 的组合前，如果出现指示代词（demonstrative pronoun），那么该组合就会被拆开，变成 [[指示词 + 嵌偶名词] ＋方位词]。

（6）“园内”前加“此”→此园内

此园内，设有 40 多条长木椅。

（2000-4-7《厦门晚报》“拆墙透绿”）

（7）“校间”前加“各”→各校间

今后筹委会与各校间的联系由各校筹委负责。（1949-11-14《厦门日报》“学联筹委会第二次会议报告半月工作计划”）

嵌偶名词“园”与方位词“内”搭配，组成“园内”。如果整个组合的前面出现指示代词“此”，那么新组合的内部顺序就会发生调整，变成“[[此园] 内]”。而且方位词前面还可以再加入其他句法成分，如“此园之内”。“校”也有同样的表现。如果“校间”前出现代词“各”，那么组合就变成了“[各校] 间”。如果是含有方位词的复合词，就不会发生类似现象。比如“马上”“早上”和“晚上”都是复合词，它们的前面如果出现指示代词“这”，无法变成“*[这马] 上”“*[这早] 上”和“*[这晚] 上”。这说明由嵌偶名词与方位词的组合（“园内”和“校间”）与（含有方位词）复合词的词法结构不同，语法性质不一样：前者是句法无法“进入”的复合词，而后者则是短语。

通过对 [嵌偶名词＋方位词] 组合的考察，可以看出该组合是短语，其中嵌偶名词是作为词独立出现在指示语（Spec-LP）位置上的（参见图 3-1）。

（二）[指示代词__]

嵌偶名词可以与指示代词搭配，组成短语。这与一般名词的情况相同。

表 3–2　与指示代词搭配时，嵌偶名词与一般名词的比较

	指示代词＋嵌偶名词	指示代词＋一般名词		指示代词＋嵌偶名词	指示代词＋一般名词
此	此言	此话	各	各校	各学校
	此案	此案		各刊	各期刊
本	本周	本星期	该	该校	该学校
	本国	？本国家		该园	该公园

嵌偶名词“言、案、周、国、校、刊、园”与对应的一般名词一样，都可以与指示代词“此、各、本、该”搭配。从这个角度讲，嵌偶名词与一般名词在这个位置上的出现情况相同。

那么在这个结构中，嵌偶名词是不是独立出现在句法位置上的呢？从生成语法的角度看，由指示词带名词组成的结构是“指示词短语”。指示词是功能词（functional word），它在整个组合中处于核心词的位置（Radford，2002 & 2004）。整个短语叫作“限定词短语（Determiner Phrase, or DP）”。该短语的句法结构如下所示。

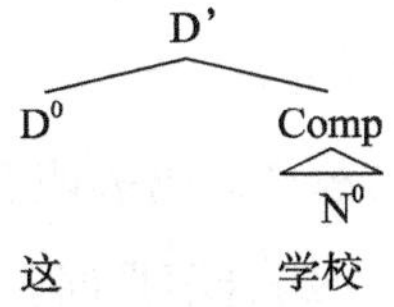

图 3–2

该短语的核心词是限定词（指示词），不是名词，所以该短语的整体语法性质与指示词保持一致，而不是与名词保持一致。这类结构不是名词性质的。因此它的前面不能出现数词或者数量短语，如“* 三所这学校”。

那么当嵌偶名词出现在这一结构中，它是不是独立出现的呢？从结构上分析，指示词作为功能词位于核心词的位置上时，词汇性质的嵌偶名词是无法与指示词共同占据核心词的位置的。此时的嵌偶名词只能是独自出现在指示词补述语的位置（Comp-Dp）上。正因如此，只要在满足嵌偶条件的情况下，该结构内部的句法成分均可以根据新规则进行组合。

表象 1　[指示词+嵌偶名词]组合中两个成分之间可以扩展，即可以加入一些句法成分。如：

（8）此言→此诙谐之言

“做人要厚道”，此诙谐之言出自电影《手机》。

（2006-1-17《福建日报》“厚重辉旺”）

（9）我校→我全校

我全校师生员工们，都一致认为这是非常正确的。

（1951-1-15《江西日报》“拥护政府处理方针”）

上例中，“此言”两个成分之间可以拆开，加入“诙谐之”这一成分，而两个成分本身的语义和句法属性没有改变。同理，“我校”的组成成分也可以拆开，加入“全”，而两个成分本身的语义和句法属性也都没有改变。这表明[指示词+嵌偶名词]组合的内部是句法关系。整个组合不是词。

表象 2　[指示词+嵌偶名词]组合中的嵌偶名词可以根据合

并规则与其他成分合并。

（10）此桌 此椅→此桌椅/这套桌椅

（11）我校 我院→我院校

上例中，“此桌”和“此椅”中的嵌偶名词也可以合并成“此桌椅/这套桌椅”。这一表现与由一般名词组成的指示词短语是一样的，比如“这男人”和“这女人”可以合并成“这男人（和）女人”。因此就这一点来讲，[指示词+嵌偶名词]组合是短语，而其中的嵌偶名词是独立出现在句法位置上的。

总之，就[指示代词+名词]结构而言，嵌偶名词与其他名词的表现相同：它们都能与指示代词搭配，而且都是独立出现在句法位置上的。

（三）[$_{介宾结构}$ 介词__]

嵌偶名词可以与介词搭配组成介宾短语。这与其他一般名词的表现相同。

表 3–3 与介词搭配时，嵌偶名词与一般名词的比较

	介词 + 嵌偶名词	介词 + 一般名词
在	在校	在学校
随	一道寒风随掌劈出	随手掌
按	按资分配所具有的	按资金
依	依情	依情况而定
为	为国服务	为国家服务
以	以案说法	以案件解释法律

上例反映出嵌偶名词与一般名词一样，可以与介词“在、随、按、依、为、以”这样的介词直接连用。另外，在介宾短语

中，嵌偶词也是独立出现在句法位置上的。只要满足嵌偶词成双的条件，介宾结构中间就可以拆开，插入其他成分。如：

（12）按情—按此情

按此情推断，相信再过数天，便可抵达破日峰一带。

（《初编》）

嵌偶词在该结构中的位置如下表所示：

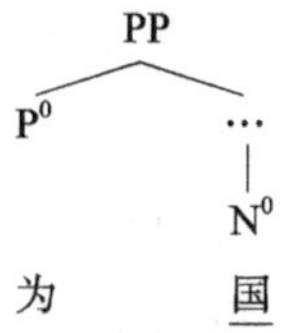

图 3–2

以上是嵌偶词在各种典型短语结构中的表现。除了这些例子外，嵌偶词还可以出现在一些现代汉语典型短语结构中。

（四）[之__]结构

“之”做结构助词时[①]，嵌偶词可以出现在它后面。如：

（13）孙可望随即将十八人杀害于安龙城关马场，史称“十八先生之狱”。

（14）此为林则徐发配新疆时告慰家人之言。

（1997-7-8《杭州日报》“无愧文忠六代孙”）

（15）我将把我自己的信念和家庭价值观带入总统之职。

（1999-7-13《厦门日报》“明年美国谁当家？”）

（16）希望能把它纳入党报党刊之列，成为必订之刊。

① 关于结构助词“之”的用法，更多内容可以参见孙德金（2012），孙曾把结构助词“之”当作书面汉语的一个构成成分。

上例中，嵌偶名词“狱、言、职、列、刊”与“之”组合成“之狱、之言、之职、之列、之刊”。这些组合既不是词，也不是短语，而是短语的一部分。这些组合本身不是词，嵌偶名词更不可能在其中是构词成分。它是独立出现的。该结构的句法树如下：

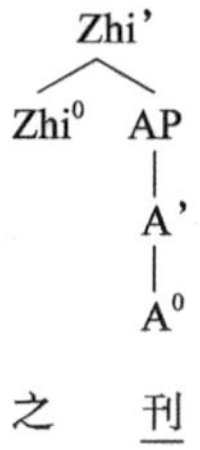

图 3–3

（五）[$_{\text{数名组合}}$ 数词___]

从生成语法的角度看，有人把数词与名词的组合叫作“数词短语”（Huang, 2005），也有人把它归为指示词短语（Demonstrative Phrase/DP）。但无论哪种类型，它的核心词都是数词而不是名词。关于这一点的证据至少表现在三个方面：一是 [数词 + 名词] 短语的前面不能再加数量短语修饰，这表明整个结构不是名词性的。根据短语结构理论，短语的性质由核心词决定，如果 [数词 + 名词] 短语的性质不是名词，那么其核心词也不是名词。二是这类结构不能被形容词修饰。一般名词可以被形容词修饰，但是 [数词 + 名词] 结构不能被定语修饰，比如“* 大三餐”不合法，而只能说“三顿大餐”。这表明 [数词 + 名词] 结构的性质不是名词性的，核心词不是名词。三是对 [数词 + 名词] 结构提问时用的是“多少 / 几 + 量 + 名”而非“什么”。比如：

（17）每日三餐。

提问：* 每日什么？

每日几餐？

对“三餐”提问时用的是“多少”或者“几”，而不能用“什么”。这表明“三餐”的性质不是名词性的。

根据这样的语言表现，我们认为 [数词＋名词] 组合的语法性质为数词短语，核心词为数词。就 [数词＋名词] 组合而言，嵌偶名词与一般名词都可以在此结构中出现。比如嵌偶名词可以与数词搭配，如“三案、三餐、八国、两颊、双颊、一言”等，一般名词也可以与数词搭配，如“三罗汉、十八绿色文明园”等。①

那么嵌偶名词在该结构中是否是独立出现的呢？理论上，[数词＋名词] 组合是“数词结构”，而数词为核心词，而名词是无法与数词一起出现在核心词的位置上的，它只能出现在补述语上，如下图所示：

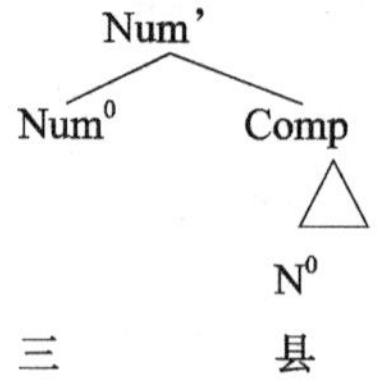

图 3–4

除了理论如此之外，还有一些语言事实同样表明该组合为短语。组合内部的构成成分可以根据句法规则重新组合。比如根据

① 但是有些名词不能直接带数词，比如“* 三学校、* 八国家”。这些组合只能说成“三个学校、八个国家”。这一区别与两种结构的语体特征有关系，与句法规则无关。关于 [数词 + 名词] 与 [数词 + 量词 + 名词] 的分布问题不在这里讨论。

多重定语修饰原则，定语修饰中心词的顺序是“大小—颜色—性质—中心语”，数词在所有定语之前。[数词 + 嵌偶名词] 式的嵌偶韵律词也遵循同样的句法规则。如果“大”修饰“五国”时，只能说成“五（个）大国”，而不能说成“* 大五国”，形容词“大”进入“五国”内部。同理，“* 大三案”不合法，形容词也必须排在数词之后，变成“三（个）大案、三大疑案”等。有多个定语在 [数词 + 名词] 式嵌偶韵律词前面时，该结构可以拆开，这证明该结构的语法性质为短语。嵌偶名词在其中的位置如下：

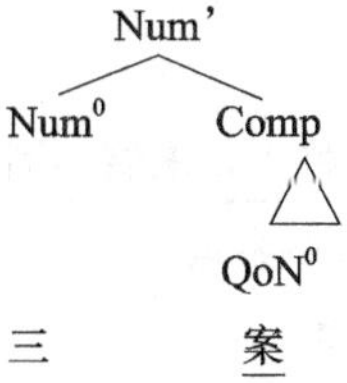

图 3–5

（六）[并列结构 __比__]

对举格式是有特殊焦点模式的句法结构。一般名词可以进入这一结构，嵌偶名词也可以进入这一结构。由于对比焦点的存在，嵌偶词得以进入该结构。

表 3–4　在对比格式中，嵌偶名词与普通名词的比较

	嵌偶名词并列结构	一般名词并列结构
与	国与国	国家与国家
	校与校	学校与学校
	邻与邻	邻居与邻居
比	校比校	学校比学校
及	校及校	学校及学校
对	我对敌，敌对我	我方对敌方，敌方对我方

上图反映出嵌偶名词可以在单音节并列连词结构的对举格式[①]中出现。从生成语法的观点看，这一格式的中心词是并列连词“与、比、及、对”，而不是名词。整个结构的语法性质与并列连词保持一致，而不是与名词一致。因此该结构前面同样不带数量短语，不说“*两个国与国”等。在这个结构中，嵌偶名词是独立出现在句法位置上的。

（七）[$_{动宾结构}$ 动词__]

与一般名词一样，只要满足成双的条件，嵌偶名词就可以出现在这类组合中。

表 3–5 在动宾结构中，嵌偶名词与一般名词的比较

动词	动词 + 嵌偶名词	动词 + 一般名词
订	订餐	订饭
无	无害	无害处
防	防寒	防寒流
来	来校	来学校
加	加薪	加薪水 加钱

动宾结构既可以是词，也可以是短语。但是下面的动宾结构都是短语。

（18）小朋友的饭菜只烧了一半，只好去肯德基订餐。

（19）该产品无臭、无味、无毒，对人畜无害。

① 嵌偶名词在这一结构中看似是“落单”，但实际上这是由该结构所带的对比焦点所致。对比焦点致使该结构带有特殊的韵律色彩和语体特征。它与那些嵌偶成双音节节律形式的语体和韵律色彩都不一样。比如“校与校”与“此校”的节奏模式不同。

（20）除个别因路途遥远或其他事情请假外，绝大部分同学均已来校。

（21）政府决定自下月起为公务员加薪。

上例中“订餐、无害、来校、加薪”等都是短语性质的动宾式嵌偶韵律词。动宾之间可以插入新的句法成分，且语义和语法功能不变，比如“来我校”“无大害”等。这表明在这种结构中，嵌偶名词是独立做句法成分的。

综上所述，以上七种结构中，嵌偶名词都是独立出现在句法位置上的，而且这些位置都是典型的名词出现的位置。

二、不能出现

嵌偶名词能够出现在以上七种格式中。但是嵌偶名词不能独立做主语，也不能出现在“数量名”的格式中。①

表 3–6　嵌偶名词与一般名词做句子主语时的比较

谓语	嵌偶名词做主语	一般名词做主语
灭亡了	* 国灭亡了。	国家灭亡了。
是我们的家。	* 校是我们的家。	学校是我们的家。
回家了	* 邻回家了。	邻居回家了。

嵌偶名词为何不能出现在主语位置上呢？我们认为独立句子中的主语和谓语之间不是好的嵌偶位置（参黄梅，2012）。主语和谓语不能满足嵌偶条件，所以由主谓形成的嵌偶韵律词都不能独立成句。

---

① 如上文提到，主语位置和数量格式内无法出现嵌偶词的原因与嵌偶条件和句法结构的对应关系有关。相关讨论这里不多加论证。

表 3-7 嵌偶名词与一般名词在数量结构中的比较

嵌偶名词	一般名词
* 一个国	一个国家
* 一所校	一所学校
* 一种害	一种害处

嵌偶词不能出现在数量结构中，是因为数量短语都是双音节的，由于在该结构中无法嵌偶成双，所以嵌偶词无法出现在这一结构中。

三、分布特征对比

嵌偶名词与一般名词在不同句法位置上的表现，如下表所示：

表 3-8 嵌偶名词与一般名词句法分布比较

出现的句法位置	一般名词	嵌偶名词
主语	+	–
宾语	+	+
数词__	–	+
数量短语__	+	–
指示词__	+	+
__方位词	+	+
介词__	+	+
之__	+	+
__比__	+	+

从上表可以看出，嵌偶名词与一般名词的分布大部分相同，但在三个位置上的分布有所区别：（独立句子的）主语、数词后面和数量短语后面。在其他六个位置上二者分布相同。据此我们认

为，只要满足句法、语义和韵律条件的限制，嵌偶词就可以自由地出现在一般名词能出现的大部分位置上。嵌偶名词与一般名词一样，是单音词。

第二节　嵌偶形容词

一般认为，典型形容词能够出现的句法位置包括：①做定语（[定中结构 __名词]）；②被程度副词修饰（[状中结构 程度词__]）；③做谓语（[谓语 形容词]）。嵌偶形容词可以独立出现在前两个位置上，也可以与副词组成状中短语后出现在第三个位置上。

一、独立出现

（一）[状中结构 程度副词 / 否定副词__]

被程度副词或否定副词修饰是现代汉语形容词的主要分布特征。嵌偶形容词也可以与程度副词或者否定副词搭配。这与一般形容词的情况相同。

表 3-9　嵌偶形容词与一般形容词被程度副词修饰时的比较

程度副词	副词 + 嵌偶形容词	副词 + 一般形容词
极	极妥、极佳	极妥当、极好
甚	甚佳	甚好
较	较易	较容易
过	过险、过迂	过迂腐
尤	尤妙	尤好
最	最同	最相同

上表显示嵌偶形容词与一般形容词一样，可以被程度副词修饰。两者在这一位置上的分布相同。那么嵌偶形容词在这一结构中是不是独立出现的呢？由程度副词修饰嵌偶形容词的结构，都可以根据句法规则拆开。当然拆开时必须满足嵌偶形容词成双的条件。如“极佳”“最同”和“较易”中间均可加入“不”，变成“极不佳”“最不同”和“较不易”。这表明两者的组合是短语而非复合词。嵌偶形容词在结构中是独立出现的。

（二）做谓语

朱德熙（1982）提到现代汉语的单音节形容词一般不能独立做谓语。嵌偶形容词都是单音节的，它们也不能独立做谓语。嵌偶形容词做谓语时，必须是与副词搭配后做谓语。

表 3–10 嵌偶形容词与一般形容词做谓语时的比较

	不带修饰语独立做谓语	带修饰语独立做谓语
嵌偶形容词	* 照你所闻，李强明早必去，此行险。	照你所闻，李强明早必去，此行颇险。
一般形容词	？照你所闻，……此行危险。	照你所闻，……此行很危险。
嵌偶形容词	* 此人的政见与梅森相左，因此对杰夫森印象佳。	此人的政见与梅森相左，因此对杰夫森印象极佳。
一般形容词	* 此人的政见与梅森相左，因此对杰夫森印象好。	……因此对杰夫森印象很好。
嵌偶形容词	* 今早她看起来身体情况佳——几乎一点儿也不跛。	今早她看起来身体情况极佳——几乎一点儿也不跛。
一般形容词	* 今早她看起来身体情况好。	今早她看起来身体情况很好。
嵌偶形容词	* 在准确的实例检索和查询中，用户给出要查询的原图像，查询易。	在准确的实例检索和查询中，用户给出要查询的原图像，查询较易。

（续表）

一般形容词	？……查询容易。	……查询很容易。
嵌偶形容词	* 这味药用于酿酒妙。	这味药用于酿酒尤妙。
一般形容词	* 这味药用于酿酒，巧妙。	这味药用于酿酒，很巧妙。
嵌偶形容词	* 这里，社会治安良。	这里，社会治安不良。
一般形容词	* 这里，社会治安好。	这里，社会治安不好。

那么带修饰语做谓语的嵌偶形容词是独立出现在句法位置上吗？这一类 [副词 + 嵌偶形容词] 式嵌偶韵律词也可以拆开。它们中间可以插入一些其他副词。

• 中间加“不”：

（22a）喝酒总不是好的，对健康极（为）不佳。

（22b）文坛竞争仍很残酷，浙江作家拿出好作品来较（为）不易。

上二例中“极佳、较易”中间可以加“不”。这表明整个组合其实是短语而非词。

• 中间加“甚”：

（23）此时，想必她知道情势已不甚妙。

“不妙”中间可以加“甚”，表明“不妙”也不是复合词。

总之，嵌偶形容词和其他单音节形容词一样不能独立做谓语，但是它可以带修饰语后出现在谓语位置上。这一结构可以在满足嵌偶词嵌偶的条件下，被句法规则重新拆开。这表明整个结构的性质为短语。因此其中的嵌偶形容词是独立做谓语的。

（三）做定语

嵌偶形容词可以做定语。这与典型形容词的语法功能一样。

表 3-11 嵌偶形容词与普通形容词做定语时的比较

嵌偶形容词	一般形容词
妙词	好词
故所	旧所
巨图、巨画、巨字	大图、大画、大字
残云、残梦	残缺的云、残缺的梦
枯花、枯苗	枯萎的花、枯萎的稻苗

嵌偶形容词“妙、故、巨、残、枯”都可以和单音节名词搭配，做它们的定语。定中组合也可以被句法规则拆开，重新组合，而且做定语的嵌偶形容词和被修饰的名词语义功能不变，如“极妙之词、已枯之花”等。这些重新组合的结构仍然是庄典的组合形式。

二、分布特征对比

综上，与一般形容词比较，嵌偶形容词可以出现的位置与一般形容词一样，即二者的分布相同。

表 3-12 嵌偶形容词与一般形容词句法分布比较

句法位置	一般形容词	嵌偶形容词
定语	+	+
带修饰语做谓语	+	+
被程度副词修饰	+	+

第三节 嵌偶动词

典型动词能够出现的主要句法位置包括：①被否定副词“不”或“没”修饰（[状中结构 不/没__]）；②带黏合式补语（[动补结构__补语]）；③组成“所”字结构；④与情态动词搭配；⑤前面出现状语（[状中结构 状语__]）；⑥独立做谓语。除此之外，嵌偶动词在下列结构中也是以词的身份出现的：⑦“被”字句（[“被”字结构 被__]）；⑧动词与介词的组合（[动介结构__介词+宾语]）；⑨带宾语（[动宾结构__宾语]）；⑩动词与单音连词搭配。在多数位置上，嵌偶动词都能独立出现。

一、独立出现

（一）[状中结构 否定副词__]

嵌偶动词与一般动词一样，可以被否定副词“不”修饰。

表 3-13 嵌偶动词与一般动词被否定副词修饰时的比较

嵌偶动词	一般动词
不避	不躲避
不思	不想
不擅	不擅长
不知	不知道
不助	不帮助
不择	不挑

在以上组合中，嵌偶动词“避、思、擅、知、助、择”都可以与否定副词“不”连用。这与一般动词的搭配情况相同。在[不 + 嵌偶动词] 这一组合中，两者之间可以插入其他成分，如：

（24）不助→不暗助

只要他不暗助朝廷就成。

（25）不择→又不另择

该机场的候机厅已满足不了航空业快速发展的需求，但又不另择新址再建新机场。

嵌偶动词与“不”的组合可以被拆开。这被视作这一组合是短语的证据。在这一组合中嵌偶动词是独立出现的。

（二）[状中结构 状语__]

嵌偶动词做谓语时，前面可以出现状语。这与一般动词的情况相同，而且这些状中组合的语体色彩庄典。

表 3–14　与状语搭配时嵌偶动词与一般动词的比较

状语	状 + 嵌偶动词	状 + 一般动词
更	更觉	更觉得
未	未决	未决定
苦	苦觅	苦寻
难	难料	难猜
暂	暂略	暂省
再	再逢	再碰见
尤	尤宜	尤爱

上表中，状语“更、未、苦、难、暂、再、尤”既可以与嵌偶动词搭配，也可以与一般动词搭配。这表明，在与状语搭配这一格

式中，嵌偶动词与一般动词的表现相同。

与前面的情况相同，在满足韵律条件和相关的语义语体条件的前提下，这些动词也都可以嵌偶成双。比如“暂略”中间可以插入“不”，组成“暂时不略”，“更觉”可以组成“更不觉”，“再逢”可以拆开，加入“喜”变成“再喜逢”，“尤宜”中可以拆开，加入“不”，变成“尤（其）不宜”等。这些证据表明上述嵌偶动词都是直接出现在谓语位置上的。

（三）[“所”字结构 所__]

嵌偶动词可以与“所”组合，变成“所”字结构。这与一般动词的情况相同，而且这一组合的语体色彩也是庄典的，如“所料、所觅、所略、所刊、所盗、所惧、所避、所欺”等。从生成语法的角度看，“所”是功能词，嵌偶词是“所”的补述语。在与做核心词的功能性成分“所”组合时，词汇词只能是独立出现在核心词位置上，而不是与“所”共同出现在一个句法位置上。这一事实表现为，在保证嵌偶词成双的前提下，“所”与嵌偶动词之间可以加入单音副词，如：

（26）所思→所未思

开始思索和探求她先前所未思之问题。

（27）所擅→所不擅

这个领域为我所不擅，不敢胡乱点评。

（28）所知→所共知

谭嗣同思想之激进，为学界所共知。

上例中的嵌偶动词“思、擅、知”都可以与“所”搭配，同时中间可以加入单音副词，组成“所未思、所不擅、所共知”。

这表明嵌偶动词与“所”组成的也是短语，嵌偶动词是独立出现在句法位置上的。这一分布与一般动词相同。其句法结构如下：

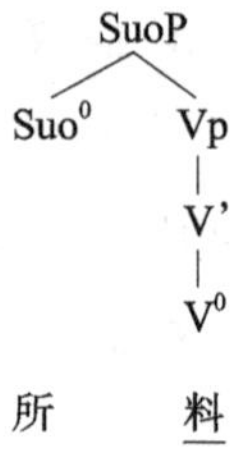

图 3–6

（四）[“被”字结构 被__]

一般动词可以与“被”搭配，组成“被”字短语，如“被杀、被占”等。嵌偶动词也可以，如“被盗、被窃、被停、被欺”等。从生成语法的角度看，“被”是“被”字句的核心词。它与嵌偶动词的组合是“被”字短语。“被”与动词之间可以扩展，加入其他成分，如“被骗了三万块钱”中“被骗”可以扩展，加入状语，如“被一下子骗走了三万块钱”。“被”与嵌偶动词之间，在满足嵌偶条件的情况下，也可以插入其他成分，如：

（29）被盗 → 被盗走 → 被一次性盗走了

因此在“被”字句中，嵌偶动词也是独立出现在该位置上的，这也与一般动词一致。

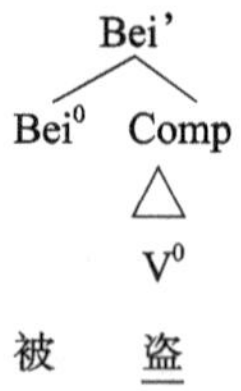

图 3–7

（五）[动介结构 __介词 + 宾语]

[动词 + 介词]的组合是指动词与后面介词的组合。从句法上来讲，介词应该是先与后面的名词组成介宾结构，然后再与动词组合。但是很多双音节[动词+介词]的组合是在韵律的作用下，通过核心词移位后形成。（冯胜利，2000a：150）具体来说就是：该组合在句法底层本是[动词＋介宾短语]，但在韵律作用下却形成了[[动＋介]句法词＋宾语]的结构，如下例：

（30）a.　把书放在桌子上

b. * 把书放了在桌子上

体态助词的位置证明了[动词＋介词]已在一起组成了句法词（复杂动词），两者之间不能再加入句法运作；但这两个词在句法中仍保留各自的语法功能（比如[动介]句法词后面只能接表示地点的宾语等）；整个词本身也只能出现在谓语上，后面必须带有宾语。这种性质为句法词的嵌偶韵律词与"词汇词"有明显的不同，它的形成不是在词汇层，而是句法层。

嵌偶动词可以与介词"在、于"搭配形成[动词 + 介词 + 宾语]式的结构。如"困在、聚在、刊于、刊在、停在、趋于"等。这些结构后面必须带宾语，不带宾语句子是不能成立的。如：

（31）a.　灾民们被大水分割包围，困在了一个个"孤岛"上。

b. * 灾民们被大水分割包围，困在（了）。

（32）a.　差5分钟6点半全体国奥队员都聚在了6楼电梯口。

b. * 差5分钟6点半全体国奥队员都聚在了。

（33）a.　这次茹子把剧本又改成长篇并刊在了12月的《科幻世界》上。

b. * 这次茄子把剧本又改成长篇并刊在了。

上例中，所有的 [动词 + 介词] 的组合都必须有宾语。只有带宾语才合法。这些宾语不是单用动词的对象，而是介词的对象。但是体态助词无一例外都放在了介宾短语中介词和宾语之间。这些现象与上文中动词带宾语的情况相同。据此，可以认为，嵌偶动词与一般动词在这个位置上的分布情况相同。

（六）[动宾结构 __宾语]

动宾式是复合结构。有的动宾式是词，如"煎饼、烧饼、烤肉"；有的动宾式是短语，如"花钱、做报告"等。嵌偶动词可以带宾语，组成动宾式嵌偶韵律词。下面的例子中，含有嵌偶词的动宾结构都是短语，它们都是独立做谓语的。

（34）当地村民用这种掘地取水的方法避毒。

（35）很多外乡人都慕名来这里觅书。

（36）法国目前有 30% 的小麦使用风冷法灭虫。

（37）该店主从邻街店面私接电源窃电。

上几例中嵌偶动词与宾语组合成的动宾结构都是短语，而不是词。两者之间，如果满足韵律条件就可以拆开。比如"避毒"可以说成"以避湿毒"，"觅书"可以打开说成"另觅新书"，"灭虫"可以说成"以灭小麦之虫"，"窃电"可以打开说成"私窃公家之电"等。所以在这个格式中，嵌偶动词也是独立做谓语的。

（七）[述补结构 __补语]

嵌偶动词也可以直接带单音节补语，组成黏合式述补结构。这与一般动词的情况相同。

表 3-15　嵌偶动词与一般动词在与补语搭配时的比较

补语	嵌偶动词 + 补语	一般动词 + 补语
到	觅到	找到
	料到	想到
	遇到	碰到
去	略去	删去
完	灭完	消灭完
满	续满	接满

上表中，补语“到、完、满”既可以与嵌偶动词搭配，也可以与一般动词搭配。这表明，就与补语搭配这一格式来看，嵌偶动词与一般动词的表现相同。

那么在动补结构中嵌偶动词是不是独立出现的呢？朱德熙（1982）曾经指出：“带结果补语的述补结构在语法功能上相当于一个动词，后头可以带动词后缀‘了’或‘过’。例如‘学会了开车 | 打破了一个 | 看见过鲨鱼 | 从来没喝醉过’。从这一点看，这一类述补结构和述补式复合词没有什么不同。区别在于述补结构可以用‘得’或‘不’扩展。”李亚飞（2000）把带结果补语的述补结构看成一种复合词（VV compound）。我们认为，动补式嵌偶韵律词的语法性质是句法词，它以句法词的身份出现在主要动词的位置上，单音动词和单音补语两个成分都在主要动词支配范围之内，句法结构如下图：

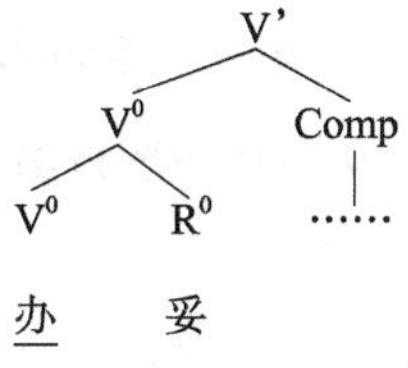

图 3-8

（八）与情态动词搭配

一般动词可以与情态动词搭配，如“可以去（北京）、能变成（真正的狮子）、想要做得更好”等。嵌偶动词也可以与紧邻的情态动词嵌偶，形成[情态动词+动词]式嵌偶韵律词，如“能助、拟刊、拟邀、要畅、应予、可解、可决、可略、可欺、可畏、可予”。从生成语法的角度看，情态动词是功能词，[情态动词+动词]式嵌偶韵律词本身不是一个完整的短语结构，嵌偶动词独立占据句法位置，情态动词对主要动词进行成分控制（c-command）。如图所示：

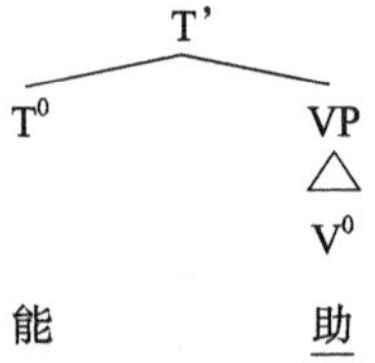

图 3–9

嵌偶动词和情态动词都是独立的句法成分。这一结构的性质反映在情态动词与嵌偶动词搭配时，两者之间可以扩展，插入其他成分。如：

（38）能助→能暂助

（39）应予→应先予

（40）可略→可暂略

在这一位置上嵌偶动词与一般动词的分布相同，所占据的句法位置相同。这也是嵌偶动词是句法自由的单音节词的证据。

（九）与单音节连词搭配

动词可以直接与连词搭配共同出现。如：

（41）增加农村义务教育的投入，以解决“学不起”的问题。

（42）姨妈们的问候则得到一个冷淡的点头作为回答。

（43）她因去过南山几次，知道玲姑这个人。

上例中，“解决”和连词“以”搭配，“得到”与连词“则”搭配，“去”与“因”搭配。这说明一般动词可以在句中与连词搭配。嵌偶动词也可以直接与这些单音节连词搭配，嵌偶成双。如：

（44）以解目前的燃眉之急

（45）而宋耀，则邀姚毅一同出席庆典仪式。

（46）谢军因获两届女子世界冠军而拥有此称号。

以“以解”为例，“以”的性质是连词，表示目的，它后面的动词短语“解目前的燃眉之急”为补述语。但在这里“以解”相互嵌偶，形成嵌偶韵律词。从生成语法的角度看，这类形式的句法结构如下：

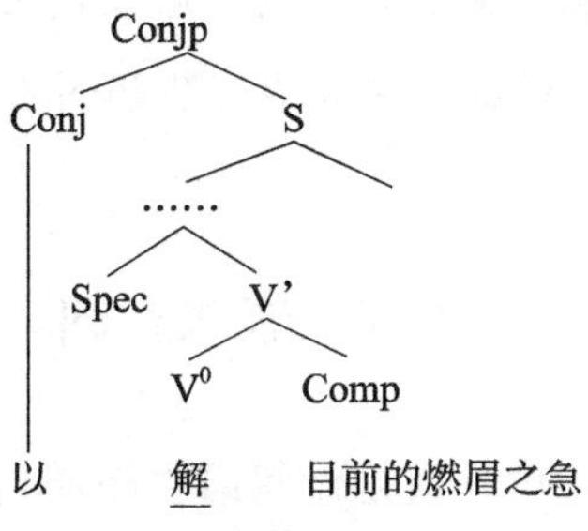

图 3–10

从上图可以看出，“以”处在连词核心词的位置，而“解”处在分句谓语动词核心词位置。“解”受到“以”的成分控制（c-command）。嵌偶动词在这类结构中仍然是独立占据动词核心词的位置，它的身份是词。从这个角度来说，就这一位置而言，嵌偶动词与其他动词的分布相同。

二、分布特征

表 3-16 嵌偶动词与一般动词句法分布比较

句法位置	一般动词	嵌偶动词
带宾语	+	+
不__	+	+
状语__	+	+
所__	+	+
被__	+	+
__介词	+	+
单音节连词__	+	+
[句子主语__]	+	–
述补结构	+	+

从上表可以看出，嵌偶动词与一般动词在典型位置上的分布大体相同。这是嵌偶动词可作为单音节动词的证据。

第四节 嵌偶副词

副词典型的分布位置就是做状语去修饰其他语法成分。它能够出现的典型句法位置包括：①做状语修饰动词或形容词，即与谓语搭配（[$_{状中结构}$__动词 / 形容词]）；②做状语修饰情态动词（[$_{状中结构}$__情态动词]）；③做状语修饰介宾短语，与介词紧邻（[$_{状中结构}$__介词]）。除此之外，④副词也可能在与其他状语共同修饰一个动词时，与其他状语紧邻（[__状语]或[状语__]）。嵌偶副词同样能够出现在这些位置上。

一、独立出现

（一）[状中结构 __动词/形容词]

副词的典型特征是修饰作为谓语的动词或者形容词。嵌偶副词也有同样的功能。

表 3-17 嵌偶副词与一般副词修饰动词或形容词时的比较

嵌偶副词	一般副词
固乏良才	固然是缺乏良才
互容	互相兼容
另报其他专业	另外报其他专业

在上表中，嵌偶副词“固、互、另”都可以与动词搭配，做状语，而且这些组合也都能拆开，加入其他成分。如“固乏”可以加入其他成分，变成“固不再乏良才”；“互容”可以加入否定副词“不”，变成“互不相容”；“另报”可以加入“已”变成“另已再报其他专业”等。这证明整个组合是短语，而非复合词。

（二）[状中结构 __情态动词]

嵌偶副词也可以修饰情态动词。如：

（47）只要我们认真教育子女，定能一代胜过一代。

（48）不能把他召回来，反应让他到各处去走动查问。

嵌偶副词“定”与“反”修饰情态动词“能”和“应（该）”。这一组合也是短语，而不是词。嵌偶副词独立作为副词出现，而未与中心语合并成为一个词。

（三）[状中结构 __介词]

嵌偶副词还能修饰介词，如：

（49）单以 120 万年薪来说，我们的“本土人才”真的难忘其项背。

（50）此人共在康南公司领取“工资”70000 余元。

（51）此时，泉水忽从井口涌出。

（52）双方决定互以滞销的土布和糖块交换。

嵌偶副词“单、共、忽、互”修饰单音介词，组成状中式结构。这表明嵌偶副词在语法功能上与一般副词的情况是相同的。同时，这类结构在一定条件下也可以拆开，如“互以”可以拆开变成“互不再以”，“共在”可以变成“共已在”。这些拆开的结构，在中心语前面再加上其他副词做修饰语，满足了嵌偶副词成双的条件。而且嵌偶副词和中心语的语法性质没有改变。

（四）[状中结构 __把 / 被]

嵌偶副词也可以修饰“把、被”等特殊成分。如：

（53）杜威解围失败，反被 8 号卡卡又一个包抄将球打入。

（54）争吵再加上争吵，这个刚组成的小家庭渐被“战火”所笼罩。

（55）见他摔倒，一个农民急把他扶起来。

（56）在这次事件上，联合国的五个成员国齐把“炮口”对准美国。

上几例中，嵌偶副词“反”和“渐”修饰“被”，嵌偶副词“急”“齐”修饰“把”。从句法结构看，“把”是“把”字短语的核心词，“被”是“被”字短语的核心词。嵌偶副词对中心语的修饰是一种临时的双音节组合，嵌偶副词是独立做修饰语的。

（五）状语的临时搭配

按照句法规则，多重状语修饰谓语中心语时，其结构层次应该是 [状语 + [状语 + 谓语动词]]，而不是 [[状语 + 状语] + 谓语动词]。如“又大笑了”的句法结构是 [又 [大 [笑了]]]。但是为了满足嵌偶词必须嵌偶成双的韵律属性，在现代汉语中，有些嵌偶词可能会违背句法规则（甚至韵律规则），形成临时组合。下列 [状语 + 状语] 式嵌偶韵律词就是如此。

（57）双方互不再以这个条件约束对方。

（58）如果把破鞋丢掉，另换一双，他的脚固不再痛，可是其他问题会纷至沓来。

（59）不能太轻，又不能过头，这里的分寸甚难掌握。

（60）我们必须像他那样，在革命路上永不止步。

上例中，嵌偶副词“互”和一般副词“不”共同修饰“以”；嵌偶副词“固”与一般副词“不”组成“固不”修饰“痛”，嵌偶副词“甚”和副词“难”组合；嵌偶副词“永”和“不”组合。这些都是副词与副词的临时组合。四字格的节奏使得嵌偶词能够违背语法、词法规则，与邻近单音成分嵌偶，形成嵌偶韵律词。这些形式的存在只是为了满足嵌偶词“成双”的韵律要求而临时组成的。在这些结构中，嵌偶副词都是独立出现的，没有与邻近成分组成复合词。

二、分布特征对比

表 3–18 嵌偶副词与一般副词句法分布比较

句法位置	一般副词	嵌偶副词
修饰动词	+	+
修饰形容词	+	+
修饰介词	+	+
修饰“把”	+	+
修饰“被”	+	+
与其他状语组合	+	+

从分布表上可以看出，嵌偶副词与一般副词在典型位置上的分布大体相同。这是嵌偶副词句法自由的表现。

思考与练习

1. 判断嵌偶名词的标准并不等于判断名词的形式标准。请列举出哪些是可以用来判断名词，但却无法用来判断嵌偶名词的形式标准，并说说为什么不能用这些标准判定嵌偶名词。
2. 参考嵌偶名词的情况，对嵌偶动词、嵌偶形容词和嵌偶副词的判断标准进行分类，并尝试探究为什么有些适用于一般词的判定标准不能作为嵌偶词的判定标准。

4

第四章

嵌偶词的鉴定标准和鉴定步骤

如果用关键词概括嵌偶词的语言特征，那就是：嵌偶（韵律黏着）、结合面宽、独立出现、词汇词和庄典语体色彩。以这五个特征为基础，就可以提炼出一套操作程序，用以判定现代汉语中哪些单音节单位是嵌偶词，哪些不是。本书把这一套操作程序称作“嵌偶词的鉴别方法”。冯胜利（2006）曾经提出了一套嵌偶词的验证方法，一共有八种。这套方法概括了鉴别嵌偶词的大部分方面，但是还有两个问题没有涉及：一是语体是否需要当作鉴别方法之一；二是几种鉴别方法是否应该有一个先后次序。本书在这一验证方法基础之上，加入语体作为鉴定标准，同时把不同标准按顺序加以整理，确定为本书鉴定嵌偶词的标准和步骤。

第一节 鉴定标准

鉴定嵌偶词的标准涉及四个方面：语法标准、语义标准、韵律标准和语体标准。[①]

一、语法标准

语法标准有三个方面：不能单说、独立出现和结合面宽。

（一）不能单说。是指能够被当作嵌偶词的单音成分都不能单说。能够单说的单音成分都不是嵌偶词。比如“思（友）、擅

① 前三个标准都是冯胜利（2006）提到的。

（歌）、鼻、查、秋”等都是嵌偶词，它们都不能单说。而“书、走、弄、好”都可以单说，它们都不是嵌偶词。

（二）独立出现。是指能够被当作嵌偶词的单音成分单独占据某个句法位置。不能单独占据句法位置的都不是嵌偶词。比如“校”可以组成“在校、建校、以校为家、此校”等，这些组合都不是复合词，而“校”在这些结构中都是单独占据名词的位置。换句话说，它们都是以名词的身份独立出现在句子中的。再如下面几例中的“始”（意义为“才”）都是以副词身份独立出现的。

（1）经过数次调解，一直弄了三天，赖贵山始把供给部的这一万双鞋子接下来。

（2）在经政府多次强调之后，这件事情的真相始被发现。

（3）凶犯崔成庄无法抵赖，始对其杀人罪行供认不讳。

（4）这一预算案迟迟未获通过，直至四月三日，参院始以104票对95票，勉强予以通过。

（5）经过多年开发、不断动员，居民始从凤仪山上迁居至凤仪山下。

“始”与“把、被、对、以、从”搭配，组成“始把、始被、始对、始以、始从”。这些组合的语义均是构成成分的语义相加。“始”在这些组合中都是以词的身份独立出现的。

那些不能以词的身份独立出现在句子中的语素不是嵌偶词。比如词缀“子”，虽然有学者提到词缀“子”总是嵌入一个双音节组合中（王丽娟，2009等），但是由于词缀不能以词的身份独立在某个句法位置上出现，所以词缀“子”不是嵌偶词。又如“朋”，它只能组成“朋友、亲朋、朋党、宾朋、良朋”这些词，它不能独立出现在句法位置上，像“*江湖之朋、*意气相投之朋、*邀朋一起相聚”都是在现代汉语中不说的，这表明“朋”只能是语素，而不能是词。再如“匿”(动词，意义为“藏”)在现代汉语中出现时也都组成了词“匿藏、匿名、匿居、匿迹、匿影藏形”等,“*暂匿、*匿痕、*暗匿”等从不在现代汉语中出现，这表明“匿”在现代汉语中也不再是自由的动词，而只是一个语素。所以“匿”和“朋”都不是嵌偶词。

(三)结合面宽。是指能够成为嵌偶词的单音成分除了能够独立在某个句法位置上出现外，还必须是现代汉语中活跃的或者说结合面较宽的单音成分。为了形成一个标准，冯胜利(2006)曾规定了一个工作原则，就是可以找到5例以上的“造语”组合，才能被认定为嵌偶词。以“衣”为例，在下几例中“衣”独立占据名词的位置。

(6)她经常带着这个流浪儿理发洗澡，帮他洗衣补衣。

(7)希望市民们注意天气变化，适时添衣。

(8)场上队员欣喜若狂。他们以衣蒙头满场飞奔。

(9)经行家证实，此衣实价不足5万元人民币。

“衣”可以组成“洗衣、补衣、添衣、以衣、此衣”，还可以组成“脱衣、旧衣、春衣、新衣”，等等。这表明“衣”在现代汉语中结合面宽，因此可以被当作嵌偶词。但是如“颓”修饰名词的时候，它作为语素的很多组合“衰颓、颓败、颓放、颓废、颓风、颓靡、颓然、颓丧、颓势、颓市、颓态、颓唐、颓萎、颓垣断壁”都已成词，被词典收录，在语料库中发现的只有“颓厦、颓城”，对这样组合能力有限的词，不把它作为嵌偶词。

二、语义标准

每个嵌偶词都只有一个词性，对应着一条义项。这就是嵌偶词的语义标准。比如“语”做动词的时候，表示“说话”，是嵌偶词，如“不语、欲语、独语、乱语、相语、喃喃而语”等。“语”做名词，表示“话”的时候，也是嵌偶词，如“此语、无语、有语、失语、惊人之语”等。因此“语”要被算作两个嵌偶词：一个是嵌偶名词“$语_1$”，一个是嵌偶动词“$语_2$”。再如，“奇”表示“独特的、罕见的”，可以组成“奇境、奇才、奇玉、奇师、甚奇”等。就这一语义而言时，“奇”是嵌偶形容词。“奇”还可以表示“非常、很”的意思，可以组成“奇久、奇美、奇深、奇浓、奇养、奇难、奇亮”等。这时它是嵌偶副词，表示程度。这样的情况就算作两个嵌偶词：一个是嵌偶形容词“$奇_1$”，一个是嵌偶副词“$奇_2$”。

三、韵律标准

韵律标准是指：每个能够成为嵌偶词的单音节成分都必须能够嵌入双音节韵律模板，否则就不是嵌偶词。如“返”做动词，表示返回，它可以组成“重返台湾”，但是不能说成“* 重新返台湾”或者“* 返台湾”。“返”必须成双才合法，否则非法。再如“国”，表示“国家”，可以说“各国、某国”，但不可以说成“* 各个国”或“* 某个国”。“国”和“返”只有嵌入双音节模板才能用于庄典语体，所以它们都是嵌偶词。不必嵌入双音节模板就合法的不是嵌偶词，如“弄、拿、笔”等都不用嵌入双音节模板就合法，它们都不是嵌偶词。不必嵌入双音节模板就能够表示庄典正式的也不是嵌偶词，如“命三团立即出击、祝大家节日快乐”中的“命”和“祝”都不必嵌入双音节模板中，它们都不是嵌偶词。

四、语体标准

语体标准是指：能够成为嵌偶词的单音节成分必须是庄典的。如“欺”表示“欺辱”时，可以组成“欺人，不欺，上欺政府、下欺百姓”等，是嵌偶动词。此类组合的语体色彩庄典正式。而且此时的“欺”都不能单用，比如“*欺老人、*不再欺、*向上欺、*向下欺”等一般不能合法出现。但是另外一方面，现代汉语中还有一个“欺”，它的语义和语法功能与庄典的“欺”相同，比如“他肯定觉得我太好欺了”，这个“欺”与正式或庄典语体的“欺”不同，它只能与“了”组合，表示“欺负”的意思，而且这里的“欺”不必嵌偶就能出现，语体色彩非常口语化。第二个“欺”不是嵌偶词，而是一个口语色彩的单音词。我们把它当作嵌偶词“欺”的语体变体。

再如“拒”，表示“拒绝”时，可以组成“拒财、拒毒、拒礼、不拒、难拒”等，是嵌偶动词。这些组合都是庄典正式的，其中的“拒”却不能单用，“*拒钱财、*拒礼物、*拒毒品、*难以拒”等都是不合法的。但是还有一个“拒”，用法与上面的“欺了”相同，它一般只与“了”组成“拒了”，如“拒了这个公司的 offer”，这也是口语中常见的组合。这两类不同语体色彩的“拒”是一对语体变体。在这种情况下，语体就是鉴定标准。

第二节　鉴定步骤

语法、句法、韵律和语体是鉴定嵌偶词的四组标准。我们将它们按照一定的次序排列，形成鉴定嵌偶词的一套操作程序。在鉴定嵌偶词时，可以按照下面的基本步骤进行。

步骤 1　全体单字 [按有无实际意义] →无意义的单字 / 有意义的单字

按照有无实际意义标准，从书面上的所有单字中，选择有实际意义的单字，排除那些没有意义的单字。比如“哩、菠”等单字，单用时都没有实际意义，因此肯定都不是嵌偶词。

步骤 2　全体有意义的单字 [按词义和语法功能] →只有一项词义的单字

根据单字的意义和语法功能，将单字转换成语法体系中的单音词。单字与单音词的对应关系主要参考《现代汉语词典》(第 6 版)(以下简称《词典》) 中罗列的词条义项。

比如“校（xiào）”在《词典》的义项包括：

校[1] 名 ❶ 学校：～舍 | ～址 | 母～ | 夜～ | 全～同学。

❷（Xiào）姓。

校[2]　校官：上～。

在考察“校”这个字是不是嵌偶词时，要逐一考察每个义项对应的语法功能和韵律表现，即：把一个“校”字，变成三个对应的单音词。对应着上面义项的顺序，将其标记为“$\underline{校}_1$”“$校_2$”和“$校_3$”。

步骤 3　全体有意义的单字（一义一字）[能否单用] →单音

语素 / 单音词

按照能否单用（独立做句法成分）标准，从所有单音词中选择能独立做句法成分的，排除其他不能做句法成分，只能成词的语素。以“校”为例。根据我们考察的结果，该字对应的三个单音词中，“校$_1$”可以独立做句法成分，而“校$_2$”和“校$_3$”则只能构词。因此，“校$_1$”是可能成为嵌偶词的词条。

步骤 4 能单用的单音词 [是否必须嵌偶成双]→不必嵌偶的单音词 / 必须嵌偶的单音词

从所有能单用的单音词中，按照在句中使用时必须成双的标准，排除那些不必成双也能合法使用的单音词。比如“笑”(动词，义为“嘲笑”）可以独立做动词，但是不必成双（如“笑这个男孩太傻”)，因此它不是嵌偶词。与此相对，“思”(义为“想”，动词）也可以独立做动词，但是必须成双，如“常思贪欲之害、* 常常思贪欲之害”等。所以“思”是嵌偶词。

步骤 5 必须嵌偶且能单用的单音词 [是否能产]→化石化的单音词 / 能产的单音词

从所有必须嵌偶的单音词中，选择能产的单音词。操作标准是该单音词的组合结构数量要超过 5 个。以此排除那些虽然能够做句法成分但不能产的单音词。如“艾”(动词，义为“停止”）虽然其组合都是双音节，但是在现代汉语中，其组合都已经是词或者成语的一部分（如“方兴未艾”)。这意味着“艾”是汉语中已然不再活跃的语素，因此即便它能够成双，能够独立做句法成分，但仍然不是嵌偶词。

步骤 6 可以嵌偶的单音词 [语体色彩是否庄典]→嵌偶单音词

严格限制嵌偶词的语体色彩。如果某个嵌偶词的语体色彩在组合中不再庄典，那么它就不再是嵌偶词（如上文的“拒”）。比如上文提到的“拒”（动词，义为“拒绝”）在独立做句法成分时，用于庄典语体时都必须成双（“难拒、*很难拒”），但用于常俗语体中则可以为单，如“拒了大公司的邀请”。我们把“拒”的这两种情况视作语体变体：前者为嵌偶词，后者则是一般的单音动词。

上面定出了鉴定嵌偶词的六个基本步骤。下面举例说明这些鉴定方法是如何运作的。

根据步骤 1，“宴”是一个有词汇意义的单音词，因此满足步骤 1 的要求。

根据步骤 2，列出“宴”的意义和词性。《词典》中“宴”有三种用法：❶ 请人吃酒饭；聚会在一起吃酒饭：~客 | ~饮 | 欢~。❷ 酒席；宴会：设~ | 赴~ | 盛~ | 国~。❸〈书〉安乐；安闲：~乐（安乐）| ~安鸩毒。

根据步骤 3，考察每一种词性和意义在句子中的分布和用法，根据它能否独立出现在句法位置上进行筛查。从上面词典的举例可以看出，这三种用法的“宴”都可以独立出现在句法位置上。我们根据《词典》中“宴”的三个义项的顺序，对应三种用法列出“$宴_1$、$宴_2$、$宴_3$”。“$宴_1$”和“$宴_3$”是动词性质的，“$宴_2$”是名词性质的。

根据步骤 4，考察每种“宴”的韵律性质。“$宴_1$”可以组合成“宴友、宴客”，但是不能说“*宴朋友、*宴宾客”，只有满足“宴”成双的情况下，它才能带双音节宾语，比如“大宴宾客”。这样看来，“宴$_1$”是必须嵌偶的。“宴$_2$”可以组合成“宴中、此宴、三宴、大宴、离宴”等，但不能单用，如“*宴中间、*这次宴、*三次宴、*盛大宴、*离开宴、*这是一次宴”都不合法，这表明“宴$_2$”也是必须成双的。最后考察“宴$_3$”。“宴$_3$”在语料中只查出《词典》中列出的两种用法，但这两种用法都是必须成双的。据此，“宴$_3$”也是必须成双的。所以“宴$_1$、宴$_2$、宴$_3$”在韵律上都必须成双。

根据步骤5，考察每种“宴”的结合面。“宴$_1$”和“宴$_2$”都是结合面宽的词，但是“宴$_3$”只有一种《词典》中列出的用法。所以这里“宴$_3$”不是一个结合面宽的词。它在现代汉语中如果只出现在“宴乐”和“宴安鸩毒”中，那么就只是一个语素了。

根据步骤6，考察“宴$_1$”和“宴$_2$”的语体色彩。两种“宴”的语体色彩都是庄典正式。名词性质的“宴$_1$”不能与口语化的成分搭配，比如“*这宴”等。动词性质的“宴$_2$”也是如此，比如“*宴了亲友、*宴一宴”等。

最后，我们根据“宴”的分布情况，得出结论：“宴”有两种嵌偶词的用法，一是嵌偶名词“宴$_1$”，二是嵌偶动词“宴$_2$”。

思考与练习

1. 请归纳鉴别嵌偶词的操作标准。

2. 尝试用上一题的标准寻找附录列表之外的嵌偶词。

5

第五章

嵌偶词理论辨析

第一节 相关研究概述

本书所称的嵌偶词在以往的研究中一再被学界用各种理论，从不同视角进行归纳、分析、质疑和回应。在“校（入校）、避（暂避）、思（思校）、徒（徒添）”这类单音词被叫作嵌偶词之前，很多学者称其为“黏着语素、半自由语素、不完全词”或者“半黏着单音词”。他们对这批单音单位的描写方法和研究思路很相似，有些甚至是完全相同的。因此，我们在这里一并以“半自由语素”称之。

把“嵌偶词”称作“半自由语素”的主要观点可以归纳为两种。

第一种观点兴起于二十世纪五十年代，以吕叔湘（1963、1959、1979）和张志公（1981）为代表。他们认为这类单音成分不能单说，但是有时能够单用。它们不同于那些能够单说的“自由语素”，所以把它们叫作“半自由语素”。比如“校”不能单说，但是它在“来校、在校学习”中都是单用（即本书所说的单独出现在句法位置上）的，所以“校”就是一个半自由语素。同时，他们指出，当这类单音成分单用的时候，它们是词，不单用的时候它们就是构词成分。比如“校”在“来校、在校学习”中都是词，但是在“学校”中就是构词成分。

得出这一结论需要两个前提。一是把“单说”和“单用”同时作为判词标准。比如吕叔湘（1959、1984）把词归纳为三种：

近几年来中国语言学家已经渐渐取得这样的认识：不是所有的词都具备同样的身份。有（1）典型的，完备的词；（2）不完备的词，也就是接近于构词语素的词；（3）扩大的词，也就是接近于词组的词。……大概说起来，典型的词可以用游离的方法来鉴别，这里边包括大多数“实词”。在一段话里把所有典型的词提出来之后，剩下的是不完备的词，这里边包括“虚词”和一部分“实词”。

（吕叔湘，1959、1984：367）

“典型的词”是根据能单说划定的，“虚词”和“一部分实词”是根据能单用判定的。并且“自由语素”和“黏着语素”的判词标准是“单说”。其中，单说和单用同是判词方法。

二是认为词不是构词成分。比如陆志韦（1957）曾明确提出：

汉语的特点之一是它的词少有类乎印欧语的窄义的形态成分……汉语的词不那么容易提选。最方便，也是最合理的办法是把凡是有意义的音节先都当作词素。其中有能独立的，当它是独立的时候，词素等于词。当它在语言片段里不能自由运用的时候，词素+词素才是词。所加的词素也可以在别的场合是独立的。我们不说词＋词素＝词，或是小词＋小词＝大词。

（陆志韦，1957：1）

同时他在附注中补充道：

这种说法有时出于不小心，有时也许因为误解了赵元任的主张。他说的是汉语里相当于 word 的东西，不是说“词”。“词”可以译成“word”，“词”不就是“word”。从他的观点来说，大词包含小词勉强能说得通。“大词”的“词”不等于“小词”的“词”。中国人教外国人学汉语不妨这么说。自己讨论祖国语言的构词法，这么说只会引起理论上的混乱。

可见陆先生主张的是在词法研究中构词成分只能是语素。词和词、词和语素都不再组成“大词”，否则“会引起理论上的混乱”。同样的观点也见于吕叔湘：

如果AB是一个词，则A和B只能是语素；如果A和B都是词，则AB只能是一个词组。

（吕叔湘，1984：361）

这段话同样意味着，这些学者认为在词的组成过程中，只谈语素，不谈词。但如果这个成分能占据句法位置，或者能够组成短语了，才说它是词。从这个角度讲，他们认为构成词的只能是语素。

持这一观点的学者认为，“校”这类单音成分不能单说，但是能够单用，所以它是半自由的。因为构词成分不能是词，只能是语素，所以“学校”中的“校”只能被当作语素。这就是为什么说“校”单用的时候是词，不单用的时候是语素的由来。

第二种观点以董秀芳（2004）为代表。她所提出的半自由语素，与吕叔湘等人所说的不同。其不同之处至少有两点。一是她所谓的“半自由语素的现象”与吕叔湘等人的不同。她的“半自由语素”是指那些在古汉语中自由，现在不再自由，但是在韵律的支撑下[1]可以单用的语言成分。比如她提到：

---

① 董秀芳（2004）中没有明确说明所谓的“韵律条件”到底是什么。但是该书中所举的例子是“单配单”的组合。这与冯胜利（2003a、2003b）所说的情况类似。本书的看法是，嵌偶词嵌入的是双音节韵律模板，而且这个模板是冯胜利（2006）提到的带有庄重典雅语体色彩的双音节。它的存在是嵌偶词颇具庄典色彩的一个重要原因。换句话说，嵌偶词在庄典语体中是自由的词，它出现时必须嵌入双音韵律模板。其实能够让单音成分成双的韵律条件不止“嵌偶”一种。比如“校与校”和“校比校”就不是嵌偶成双，但是也能单说，不过这种韵律节奏是对比节奏，带有特殊的韵律焦点。它与我们说的“嵌偶”不应该是一样的节奏。

我们观察到有些单音节语素的受限表现出以下情形：不能单独成词，必须与其他语素组合成词，但在一定条件下又可以出现在句法中词所能出现的位置，这一类语素在表现上介于自由语素与黏着语素之间，这就是“半自由语素”。吕叔湘（1963）虽然没有明确地归纳出这样一类，但是举到的一些例子却属于这一类。

（董秀芳，2004：46）

二是她命名半自由语素的方法和依据也与前人不同。董秀芳（2004）“首先肯定语素可以像词和短语那样区分出语法类别”，然后她按照语素的词汇语义、历史信息以及 Packard（2000）的“中心原则（Headness Principle）”大致确定语素的语法类别。然后进行以下操作：

确定了语素的语类范畴之后，再看在其所属语类所能出现的典型句法环境中这个语素能不能单独出现，如果不能，说明这个语素不能单用；但如果与某个成分结合之后可以出现在其所属语类所能出现的典型句法环境中，并且与其结合的成分具有独立的词的地位，那么就可以判定这一语素在这种情况下可以单用，这个成分也就可以判定为半自由语素。

（董秀芳，2004：46）

这里的“典型句法环境”是一般结构描写中提到的词的分布特征。对“单用”的定义，就是把那些带着“语法类别”的语素放在典型的句法环境中比较，判断这些语素在“典型句法环境”中能否以词的身份单独出现。如果能，则为“单用”；如果不能，则为“不能单用”。在这种情况下，那些能够在韵律条件的支撑下“单用”的语言成分则为“半自由语素”。以“校”为例，她提到下面的现象。

（1）a. * 校是学生学习的地方。

b. * 他去校了。

c. * 我们的校

d. * 校的围墙

e. * 一所校

（2）a. 此校自成立以来，已培养了不少人才。

b. 他出资建立此校。

c. 此校的建立

在例（1）中“校”都不合法，不能单用。在例（2）中“校”都合法，是单用。而且因为“校”的单用是在韵律节奏条件的支撑下实现的，所以“校”才被当作半自由语素。

这两种定义“半自由语素”的角度不同。第一种观点的半自由语素有时能够“单说”，有时不能“单说”。不能单说，但在一定特殊条件下又可以被用作词的就是“半自由语素”。第二种观点中的半自由语素是有时能够单用，有时不能单用。那些能够单用，同时必须是在韵律条件支撑下单用的，才是“半自由语素”。因为所谓“单用”是指能够在“典型句法位置”上出现，而单用的时候就是“词”。所以从这个角度出发，也可以说该观点中的半自由语素是有时可以在某种位置出现，有时不能在某种位置上出现。如果这种分析正确的话，那么这两种观点在句法层面的区别之一就是：第一种观点是从单说的角度出发定性的，而第二种观点是从分布的角度定义的。同时两者都默认复合词中的构词成分是词，即“学校”中的“校”是词。但是不论哪种角度，都存在一些值得继续探讨的问题。本章将对半自由语素和嵌偶词研究中涉及的一些基本理论观点进行说明。

第二节　半自由语素研究的不足

回顾上文所概述的对半自由语素的研究，我们知道“半自由语素”的意思有两种：一是指单音成分在单用时为词，在不能单用（不能单说，只能做构词成分）时为语素（吕叔湘，1979；张志公，1981 等）。二是指单音成分不能独立出现在某些典型位置上时为语素，能出现在其他一些位置上时为词（董秀芳，2004）。第一种可以说成是“有时为词，有时为语素”说，第二种可以说成是“在某种分布位置上为词，在另外一些位置上为语素”说。

无论哪种说法，其实都是认为半自由语素在单用和做构词成分时分属不同的语法单位：词或语素。但这两种情况都不能用“变体”[①] 这一术语来界定。其实，无论哪种说法，都是因为没有抓住这类语言现象的基本特点和本质属性，更没有遵守术语定义的逻辑。“术语”可以有内涵和外延之分。在不同概念之上也可以有一个上位概念。“术语”之间的分界应该是明确的。语素和词都是语法单位。如果说“语素”有时是“词”，或者“词”有时是“语素”，就好像说某一个数字单位有时是 1，有时是 2。这不是研究的逻辑。没有人说一个语言单位有时是语素，有时是句

① 关于半自由语素单用为词，不单用为语素，可以看作一种“变体”的观点，请参看吕叔湘（1979：16）。

子。但半自由语素却被定义在词和语素之间。因此，这样的定义是有违逻辑的。

一、“单说”与“单用”的矛盾

那么为什么会产生“半自由语素”的概念呢？其实，“半自由语素”概念的形式与国内20世纪的结构主义学派对词的判定标准和对语法单位关系的认定有关。

“半自由语素”产生的原因之一是：“单说”和“单用”两种判词方法之间的矛盾。比如吕叔湘（1979）对词的分类是：

> 先说第一个问题，即一个语素成词不成词的问题。第一条，可以单独作为一句话来说的，比如可以回答问话的，是不成问题的词。第二条，一句话里边把所有可以单说的部分都提开，剩下来不能单说，可也不是一个词一部分的，也是词。例如“我下午再来”里边，把“我、下午、来”提开，剩下“再”是一个词，虽然它不能单说。可是如果在“比赛现在开始”这句话里边，把“比赛、现在”提开之后，又把“开”提开，说“始”是剩余下来的词，那就不对，因为“始”是“开始”这个词的一部分。上面定义里边说的“自由活动”，不但包括“来”这一类语素，也包括“再”这一类语素，但是不包括“始”这一类语素。
>
> （吕叔湘，1979：17）

这段话的观点可以归纳为四点。第一，“可以单独作为一句话来说的，比如可以回答问话的”就是所谓的“单说”。第二，能“单说”的单位一定是词。第三，提开可以“单说”的，剩下不能单说但也不是词的一部分的，是词。也就是，在句中独立为词的都是词。第四，“自由活动”包括“单说”和在句中独立成词的情况。以“来”“再”“始”代表上文提到的三种单音单位：(1)“来”代表可以单说的词;(2)“再”代表不可以单说，但“也不是（其他）词的一部分”的词，是独立成词的词;(3)“始”代表不能成词的语素，是词的一部分。第一种是根据“单说”来判定的词，第二种是根据独立成词来判定的词。“单说”的和“独立成词”的都是可以“自由活动”的单位，也就是单用。第三种是不成词语素，不是词，不是自由活动的单位。由此可见，所谓“单用”至少包括两类——“单说”和“独立成词”。[①] 以“学校”的“校”为例，“校”虽然不能单说，但是在“光荣之校”中却不得不承认它独立构词（因而是词）。这就是半自由语素单用时被定性为词的原因。

二、构词成分不能是词

那么半自由语素为什么就不能直接被定义为词呢？这个问题也可以换一种问法：为什么“校”会被定义为“语素”？这是因为，长久以来，学者们回避“词可以构词”的说法。他们遵循着严格的语法单位的层级观点：

---

① 前者简单明了，需要注意的是对后者的理解。“独立构词”是不是就是“独自做句法成分”？这可能要看对“句法成分”的理解。从形式句法学的角度看，词是句法树的终端节点（terminal node / TN）上的 X^0。因此，如果用形式理论的观点来解释的话，独立构词可以理解为独立占据句法结构终端节点的位置。那么“终端节点”是不是就是“句法位置”？这个问题牵扯到理论对句法结构理解的差异。这与本节论证的问题无关，不作阐述。

短语
↑
词
↑
语素

这种层级观点可以概括为：语素构成词，词构成短语。不说词的构词成分是词，不说语素构成短语。

有人提出，这一观点的初衷是：在词的构成成分里我们只谈语素。只有语素单用时才是词。如果这么认为，那么就意味着语素和词在词法上不是同一级的单位：在语素层面，只谈各类语素；在词的层面，只谈各种词的情况。也就是说，语素和词不是两个并行的同级语法单位。它们之间绝不应该放在一起进行比较选择。如果这样理解的话，那么就不应该有“临时词”或者“不完备词”的说法。“半自由语素”的问题应该表述为如果一个语素可以单用的话，那它是单用的语素，单用的时候它是成词语素，可以独立为词；如果它不能单用的话，那它只能还是语素，它只能是构词成分，此时它仍然是语素，而且是不成词语素。由此，就只能说半自由语素是有时为成词语素，有时为不成词语素的语法单位，而不能说半自由语素是有时为“词”，有时为“语素”的语法单位。

但实际并非如此。据笔者查阅文献所见，很少有学者把半自由语素描写为有时为不成词语素，有时为成词语素，更多的都是把它说成“有时为词，有时为构词成分”[①]。其实表述方法的转变，

① 吕叔湘（1984：493）提到“能单用的”语素，“单用的时候是词，不单用的时候是构词成分”。虽然不能说吕先生这里的“构词成分”就是“语素”，但至少可以看出，他把“构词成分”当作与“词”对立的概念。这一观点还见于北京大学中文系现代汉语教研室编的《现代汉语》（2004：266）和朱德熙（1982：11）等。

不意味着基本观点有区别。"构词成分"与"词"的对立意味着：词不是构词成分。这恐怕是很多学者不说，但是又遵守的另一条"判词规则"。

三、词的本质

"半自由语素"产生的另一原因是：对分布的理解。如果嵌偶词不能在某些典型位置上出现，那么是不是意味着嵌偶词就不是句法自由的单音词?

从第一章各种嵌偶词与同词类分布的位置可以看出，嵌偶词可以出现在同词类典型成员出现的大部分位置上。但是它在有些位置上确实是不能出现的。比如，嵌偶名词不能出现在一句话的主语位置上，嵌偶名词也不能与数量短语搭配，嵌偶动词不能做"光杆"谓语，等等。①那么这些嵌偶词都不能在这些位置上出现，它还能被称作"词"吗？有些学者据此将其称作语素。并把它当作"有时为词，有时为语素"的证据。(董秀芳，2004)

为了坚持遵循"词不能做构词成分"(或者"构词成分只能是语素")的"标准"，也为了与能够单说的"学校"予以区别，"学校"的"校"只被定义为语素。正是因为这些研究同时用"单说"和"单用"作为判定词的标准，正是基于对词的分布和词的本质的认识，也因为他们认定了"构词成分只能是语素"，所以嵌偶词总是被称作"半自由语素"，而不是词。这样的处理方法也许可以让语素"稳定地"成为词的下级单位，但在另一方面

① 注意：上面这些位置都可以看作韵律句法难以"组双"的结构，因此无法实现"偶"，也就无法"嵌"。

却在半自由语素的定性上无法避免地出现了问题。对此，周荐也提到：

将语素分别为自由和黏着，仍旧无法彻底解决何者充当词何者不是词的问题；更何况当被称作语素的字成词时，称其为“词”，当被称作语素的字不成词时又称其为“语素”，有违逻辑，容易造成混乱。

（周荐，2006：35）

不仅如此，正是因为以上述两点作为判定词与非词的基础，“校、避、始、桌”这样的单位都被当成了语素，这样的“语素”不仅能构词，也能造句。它们的语法功能与能够单说的自由语素似乎没有什么差别。这一事实让很多学者开始重新思考语素的语法功能和词的语法功能的区别。学者们开始直接将语素作为造句单位，对语素按照句法规则进行分类。比如吕叔湘（1962）提到“语素分类问题基本上就是词类问题”（1962：489）。很多学者也注意到了这一问题。如王洪君指出：

以“单说”为标准对一些语素定性会发生矛盾，如：“鸭”不能单说，但它不仅可以自由地构造两字定中（“鸭肉、鸭头、鸭毛、鸭血、鸭翅、鸭汤……”），还可以相当自由地构造两字述宾（“养鸭[技术]、放鸭[路上]、送鸭[上门]……”）。这些两字组，特别是述宾式的，一般认为是临时性自由组合，[①]不是词。它们的成分替换也很自由，很难穷尽收录。由此带来的问题是：根据未收录这些两字组的词库去分词，“鸭”等单位就一定会落单而成

① 这里“自由构造两字定中”以及“动宾组合的临时性”正是嵌偶短语的句法属性之一。

为独立的分词单位。这样就陷入了两难的境地："鸭"等不入单字词库意味着它们是"不成词语素"，不是词；而分词时落单又意味着它们是自由短语的直接成分，是词。如果做"汉语中不少不成词语素也常常可以做独立的分词单位"的姑且式处理，在定义上是自相矛盾的。

（王洪君，2001b：92）

正因如此，语素在汉语研究中的语法功能被逐渐扩大。它不再只是词汇单位，它也成为句法单位。（吕叔湘，1962b；杨锡彭，2003等）它不仅可以按照词法规则进行分类：词根、前缀、后缀；也可以按照句法规则进行分类：名语素、动语素、形语素等。[①] 总之，语素的作用在汉语研究中被持续扩大，有人提出词法就是句法，而有人干脆用它取代了词，提出"以语素为基础的汉语语法"（程雨民，2001a、2001b等）。而词的地位变得非常尴尬。

第三节 嵌偶词研究的新高度

一、构词成分可以是词

我们认为"构词成分不能是词"这种观点不能用来作为判词标准。复合词的构词成分是词；词干、词根都可以是词——它们在构词法里面是词干，但在句法里面是词。

词为什么不能做构词成分？虽然前人没有明确论证过这个问

① 反对的意见请参考张寿康（1957）等。

题，但从上节的引述中可以看出很多学者担心如果词也是构词成分，那么就会引起理论上的混乱。但事实是，即便遵循了这样的“规定”，也不能保证词法单位和句法单位之间有清楚的分工，反而导致了“半自由”的概念。

词当然可以做构词成分（不过在词法里面被看作语素）。词法系统中，语素的类别包括词根（root）、前缀（prefix）、后缀（suffix）、中缀（infix）、词干（stem）、词基（base）和附加成分（clitics）。词根、词基和词干都可以是句法层面的词。比如 Fromkin *et al.*（2003：84）对 unsystematic 一词的结构解释为：

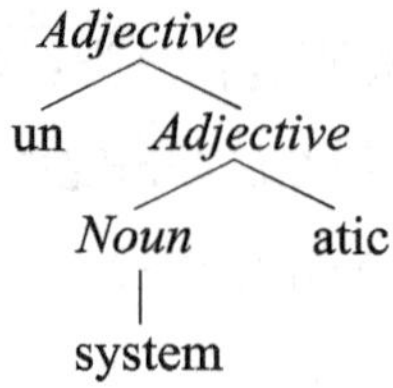

该书指出，上一树形结构表示 unsystematic 的生成经历了两个阶段。第一阶段是根据词法派生规则，名词词根（the root noun）后附加派生后缀 -atic，生成形容词 systematic；然后 systematic 附加派生前缀 un-，最终生成 unsystmatic。生成规则都是词法规则。在阐述词的生成时，该书也称构词成分为词。再如 Andrew Radford *et al.*（2009：148）对复合词（compound）的定义直接就是包括两个词的词：

The expression “blackbird” is a type of word, just like “thrush” or “crow”, but it happens to consist of two words. It is therefore called a compound word. A blackbird is a type of bird, a windmill a type of mill, a coffee table a type of table and so on. We say that “bird”, “mill” and “table” are heads of the compounds “blackbird”, “windmill” and "coffee table". The other part of the compound is a modifier.（blackbird 是一类词，正如 thrush 或 crow，但是它碰巧包括两个词。所以它被称作复合词。Blackbird 是一种鸟，windmill 是一种风车，coffee table 是一种桌子，等等。我们把 bird、mill 和"table"当作复合词 blackbird、windmill 和 coffee table 的核心词（head）。复合词的另一个成分是修饰成分。）

上文对复合词的定义是"复合词是包含了两个词的词"。因此它与派生构词等不同。在当代语言学理论中，汉语研究中"词不能构词"的规定是通过"词汇完整性假设（Lexical Integrity Hypothesis）"来处理的：凡是不能接受句法运作的"成分组合"是词，无论其中的成分是词还是语素，无论是自由语素还是不自由语素。因此，无论是派生、屈折还是复合构词过程中，构词成分既可以是词，也可以是语素，只要其中的成分不能接受句法运作，这个复合形式就是词。

我们看到，如果词可以做构词成分，那么"校"就不必因为被定义为语素，而不能是词。由此，一大批在国内汉语研究中不能单说，但能够独立做句法成分的语言单位都可以"升级"，被定义为词。当然，我们还要用词汇的完整性来鉴定：可以和"限定词"组合为"此校"的"校"自然就是词，因为"此校"是句法运作的产物，而不是词法组合的结果。

二、单说和单用的关系

另一个重要的问题是"单说"和"单用"的关系："校"和"学校"相比，是同一种词吗？比较吕叔湘（1962）等所说的

“单说”和“单用”，两者之异同如下表：

表 5–1 “单说”和“单用”的异同比较

	单说	单用
独立成句	+	–
独立做句法成分	+	+

“单说”的单位可以做句法成分，“单用”的也是如此。就这一点来讲，两者是一样的。但“单用”的不能独立成句。那么独立成句和做句法成分有什么不同呢？显然，与单用相比，要满足更多的、除句法规则之外的制约条件，语言单位才能单说。这些制约条件可以是韵律上的，如回答“你姓什么？”不能直接说“*李”，而只能说“姓李”。但如果是复姓，就可以直接说“司马”。也可以与词本身的性质相关，如，如果后面没有宾语，“放于、横在、直奔、徒添”这样的组合从来都不能单说。

我们认为，“单说”不能作为判定词与非词的标准。第一，能单说的单位不一定就是词。比如“问：那棵树怎么了？答：倒了！”没有人会把“倒了”当作是词。第二，“最小的能单说的语言单位就是词”这一断言的前提来自两个不同的标准。“单说”必须满足语音、语法、语义三条规则才能“单说”，而“最小”则是意义形式上的标准。比如“倒了”能够单说是因为它符合语音、语法和语义上可以“单说”的条件，而它不是“最小”是说从句法和语义上看，它仍然能够划分。所以两条标准是不同的语言层面。第三，词并不都是可以单说的。比如绝大多数虚词（“着、了、过、并、和、则”）、数词、量词都不能单说，但是它们都是词。第四，能“单说”的词都能“单用”，但能“单用”的词并不是都能“单说”。比如“学校”能单说，它也能按照句法规则对名词的要求，自由地在句中与其他成分组合。无论按照单说的标准，还是按照单用的标准，都能将其判定为词。但是“校”不能单说，却也能按照句法规则对名词的限制，自由地与其他成分组合，只是组合时有韵律上的限制。因此按照“单说”的标准，它不是词，但是按照“单用”的标准，它可以被判定为词。这意味着，就词的判定标准而言，“单说”不过是“单用”的一种“特例”。没有必要把“单说”作为一条独立的标准。第五，用“单说”来做判词标准不仅要看回答是否合理（吕叔湘，1962a），还要看引导单说的问题是什么样的问题。比如，如果问“你吃没吃？”，回答“* 吃。”就不好，只能说“吃了。”但我们就能就此说“吃”不是单音词吗？有人也许会说“你吃没吃？”不是一个好问题，应该问“你吃不吃？”，这样就可以回答“吃。”这可以证明“吃”是单说的，是词。但是关键是什么是好的引导“单说”的问题，什么不是呢？如果问“这是一座什么？”回答只能是“学校”，而不是“校”。这就说明“学校”是词，“校”不是词。但如果问“这是什么字？”也可以回答“校。”难道这就说明“校”能单说了吗？当然不是。所以说用问答来判断词的“单说”标准还涉及什么问题才是“好”的单说问题。所以，用“单说”来做判断词与非词的标准是不可取的。

我们把“单用”定义为自由运用。能够自由运用的就是词。所谓自由运用就是指语言单位能够按照句法规则自由地与其他成分组合。它们的位置不是固定的，组合对象的语法范畴不是同一类。“自由运用”具有上文提到的两个基本特征：独立成词，结合面宽。在上文论证半自由语素时，我们曾经提到“校”是嵌偶名词。这里我们就以此为例，来说明嵌偶词的自由运用。“校”是嵌偶名词，它在句中的组合可以分为以下三种情况。

一种情况是：“校”与另一单字的组合不是现代汉语复合词的典型结构。它与另一单音成分的组合不是定中、动宾、主谓型的结构。这些结构都是短语，“校”在其中是词。如：

1. [介词＋校] “校”可以做介词的宾语，如：在校、以校（为单位）、为（wèi）校。

（3）在校的小学生中（以校为单位），……父母双方至少有一方外出打工的最高达到69.2%。

（4）省城大专院校绝大部分学生坚持以校为家……。

（5）更可气的是，某某同学竟有了省优秀的称号，难道她们为校做出了重大的贡献？

在上述例句中，“校”与介词“在、以、为”的组合处于整句谓语的前面，是典型的介宾结构。“校”独立处于介词的宾语位置上。这是“校”自由运用的证据。

2. [代词＋校] “校”与代词连用，如：此校、该校、本校、各校、某校、我校、他校、每校、几校。

（6）此校是仙人唐公房祠原址。

（7）该校办学条件艰苦，却培养出一流的学生。

（8）每年由校方评选奖励本校8名品学兼优的学生和全区高考文理科状元。

（9）上海各校“打工”学生达1.2万多人。

（10）1952 年高等院校调整，北大法律系一度并入他校。

（11）平均每校不到 150 万元。

（12）这种方式与各校单独命题招考、几校联合命题招考、省市命题招考相比，利多弊少。

在上述例句中，“校”与代词“此、该、本、各、他、每、几”连用，构成的结构是短语，而不是词（参本书第三章第一节）。

“此校”这样的结构不同于英语中的 schools。schools 是词，而“此校”是短语。从生成语法的角度看，虽然“此校”与“likes”两者都是由词汇成分和功能成分组成，而且功能成分在句法上都占有位置。但“-s”与“此”不同。“-s”不是独立的音节，没有词汇意义，只有语法意义（单数第三人称），它只能附着于词的后面，它自己是不能独立成词的，它只能是词的一部分。而“此”是独立的音节，有词汇意义（表示“这个”），也有语法意义。“此”的位置可以在前（如“仅此一项措施”），也可以在后，如在“南宁高新区的快速发展也正源于此”“原因正在于此”中“此”都是在动词后。而且，与“此”结合的不限于名词，也可以是名词短语。这些特点都说明“此”的性质与“-s”不同：“此”是词，“-s”只是附着语素。“此校”不能被看作类似 schools 的组合，它不是词而是短语，其中，“校”独立做名词。

3. [校 + 方位词] 如：校中、校内、校外、校前、校后。

（13）2 月 28 日，是太原市山西通宝育杰学校开学第一天，校前的马路上挤满了送学生的小汽车。

（14）校后的木栅外几只白鸥在海天之中画着峻险的无穷曲线。

（15）接着，李市长饶有兴味地参观了校内科学馆。

（16）现在他每天大约有3个小时在校外的一家健身房里健身。

（17）当时，她已是两个孩子的妈妈，也是校中唯一的女生。

“校”与方位词连用，组合的结构并不是词。首先，整个组合虽然是体词性的，但是它不能位于“数量名”的结构中，这表明它与“学校”这样的名词不同。从生成语法的角度分析，方位词“中、前、后、内、外”都是该组合中的核心词，而“校”只是核心词的一个补述语（complement）（Huang *et al.,* 2009）。另外，“中、外、内、前、后”这样的词也与英语的屈折词缀不同，因此“校内”这类组合也不能看作是outdoor这样的词。汉语中的方位词可以与名词组合，也可以与名词短语组合（如“我的心中、我家花园前”），而英语的屈折词缀，比如“out-”也可以表示方位（outdoor、indoor），但是它只能与词组合，不能与短语组合。所以“校外”不是词，它只是短语，“校”在其中是词。

以上三类组合表明“校”在句中能够自由运用，独立做句法成分。它的性质是词，不是语素。

第二种情况是“校”与另一单音成分的组合所遵循的语法规则与古汉语语法相似，但受到韵律（必须成双）的严格限制。另外，整个组合结构不同于现代汉语的复合词结构。

1. [数词 + 校]

“校”不能与数量短语组合，但是可以与数词直接组合，如“三校、十校”。而且数词不能是双音节或者以上，如“* 二十校、* 三百二十校”。“校”与数词组合后，整体组合虽然是体词性的，但它不是名词。它不能被形容词修饰“* 很漂亮的三校”，更不能再与数量结构组合。另外，数词也不能看作屈折语素或者派生语素。数词是独立的词。所以 [数词 + 校] 整体组合是短语，“校”在其中独立做句法成分。

2. [之 + 校]

（18）新中国成立使东坝镇翻了身的穷孩子有了读书之校。

（19）人大附中的“校中之校”共有六个。

“之”是结构助词，“校”在句中独立做句法成分。

上述两种组合都是“校”自由运用的证据。

第三种情况是 [“校” + 另一单音成分] 的组合与现代汉语复合词组合类型相同。但是“校”在这些组合中仍是以词的身份出现的。如：

（20）由于学校规定，送子女的车一律不许进校，所以门口停满了车。

（21）小伙子收拾好行李，想偷着离校。

（22）每次检查团来校，她都要当着他们的面夸耀她的这些宝贝。

上几例中“校”与单音动词组成了动宾结构。这里的双字组都在句中做谓语。

上述三种情况表明，“校”是现代汉语正式语体中自由的单音词。其他嵌偶词均与“校”的句法性质相同。具体论证请参第三章。

三、词的分布与自由

词的本质是独立充任句法成分，是句法树的一个终端节点。

怎么看“学校”和“校”的区别呢？为什么“校”不能出现在“学校”出现的所有位置上？

首先，能否成为词，是看这个语言单位能否独立地出现在句法位置上。如果它能够单独占据一个句法位置，那么它就是词[①]。如果多数同类成员都能在某个句法位置上出现，但是“嵌偶词”不能出现的话，那么我们就要考虑导致它不能在这种典型位置上出现的原因是什么。如下所示，导致嵌偶词和非嵌偶词分布不同的原因，一是韵律，二是语体。

我们发现，“校”除了不能出现在本章例（1）中举出的位置外，还不能用于另外一些情况（见例（23））。为方便起见，下面先看“校”不能出现的位置，然后再进行分析。

本章例（1）中举出的位置是以下情况：

（1）a. * 校是学生学习的地方。（主语）

b. * 他去校了。（宾语）

c. * 我们的校（“的”字后面，或者定中结构的中心语）

d. * 校的围墙（做定语）

e. * 一所校（受数量词修饰）

例（1）表明“校”不能出现的句法位置包括：主语、宾语、受“的”字结构修饰、带“的”做定语、被数量词修饰。除此之外，“校”还不能用于下列情况：

（23）a. * 这校　* 那校（与指示代词搭配）

b. * 校外面　* 校前面（与方位词连用）

---

① 这当然就意味着该位置上的成分可以接受正常的句法运作（以及遵从词汇完整性原则）。

c. * 二百三十三校（与数词连用）

d. * 校和校（与并列连词搭配）

e. * 拿校当作家（介词宾语）

f. * 老破校（被形容词修饰）

例（23）中“校”不能出现的位置包括：与指示词搭配、与方位词连用、与数词连用和与系动词搭配。

但是事实并非如此，“校”并不是不能在这些位置上出现，只是它的出现有非句法的原因制约。请看下面的实例。

表 5-2 “校”在名词典型位置上出现情况比较

	合法	不合法
动词宾语	他率领由 6 名教授组成的团队来校。 棠中风范常莉棠湖中学 1991 年建校。	* 去校
介词宾语	以校为家	* 拿校当作家
与代词搭配	此校　各校　某校	* 这校　那校
被形容词修饰	老校　旧校	* 老破校
与并列连词搭配	校与校	* 校和校
与数词搭配	三校	* 三十三校
与方位词搭配	校外　校前　校内	* 校外面
与“的”“之”搭配	其地与梦霞所任之校，相距二十余里。	* 所在的校
主语		* 校是学生学习的地方。
数量短语		* 一所校

从上表来看，其实“校”不是不能够在宾语等位置上出现，只是与“校”搭配的成分不能是口语体的成分，同时它的出现还必须要满足嵌偶成双的韵律要求。所以说，导致“校”在某个位置上不能出现的原因，一是韵律，二是语体。这两个原因都与句

法无关，所以这类词在句法上是自由的。

就是说，在现代汉语中，有一批词是由于韵律或者语体原因导致它们不能在某个所谓的“典型位置”上出现，但这些原因与句法无关。嵌偶词就是这批词中的一种。[①] 正因如此，我们不能不加分析地把“校”当作半自由语素。我们认为，“校”是现代汉语庄典语体中自由的单音词，换句话说，它不能出现在非双音节模块的句法结构中，也不能出现在典型的口语语体环境中。只要满足它的韵律条件和语体条件（亦即，满足双音节模块的语法结构、庄典语体的语体语境），它就是百分之百可以自由出现的词了。显然，我们不能因为韵律和语体原因导致的“不自由”，就认为它在句法上也不自由或半自由。

再以本书中关于判词标准以及自由和黏着的观点来反视吕叔湘（1962）等提到的“单说”。汉语中之所以很多词能够单说，是因为汉语缺少语法语素（grammatical morphemes），也就是那些屈折语素（inflectional morphemes）。比如“What is it？”或者“What are they？”，英语中不会回答“Book”，而是会说“A book”或者“Books”。而这些回答在汉语中就可以单说一个字“书。”另一个事实是，汉语不缺少派生语素，比如“~子”等。[单音动词 + 子]（比如“剪子、锤子、贩子、包子、起子”等）是名词。“子”在其中的作用是将单音节变成双音节，从而使动词派生为名词（王丽娟，2009）。但是“桌子、鼻子”中“桌、鼻”本来就是名词。“子”是派生语素吗？加上“子”后，单音

① 合偶词是这类词中的另一种（参本系列丛书之《汉语合偶双音词》）。

节名词和双音节名词的语义和词性都没有改变。“子”的作用绝对不是像普通派生名词那样改变语义或者词性。那么“子”的作用是什么？我们注意到，加上“子”后，“桌”和“桌子”的区别是韵律形式和语体色彩发生了变化。单音节名词加上“子”前后相比，单音节名词不能单说，可以用在庄典语体中；而双音节名词可以单说，常用在口语中。我们大胆推测，“单说”的必定是韵律上可以独立的单位，是“上口”的单位。这些单位在语体色彩上也许有某种共同的规律。这也许表明“单说、单用”这两种标准的区别不是在判词标准上，而是在语体上。

四、自由语素与黏着语素

如果“单说”不再被当作判词标准，另外一个问题就是如何理解“自由语素”和“黏着语素”。我们认为“自由语素”和“黏着语素”的区别不是单说，而是独立成词。而这里的词就是以能否在句法中自由运用（或说“单用”）为标准划分出来的。

上文提到，董秀芳（2004）提出以独立成词来划分自由语素和黏着语素，并称这是“目前国际语言学界通用的定义”。但可惜的是，她未就“通用定义”作进一步的解释。其实，我们也发现，西方的语言理论中确实是以能否独立成词作为自由语素（free morpheme）和黏着语素（bound morpheme）的区别标准的。但其对词的理解与董秀芳（2004）的不同。比如 Fromkin Victoria *et al.*（1993）：

Some morphemes like “boy”, “desire”, “gentle”, and “man” may constitute words by themselves. These are free morphemes. Other morphemes like -ish, -ness, -ly, dis-, trans- and un- are never words by themselves but are always parts of words. These affixes are bound morphemes.（一些语素，如 boy、gentle 和 man，可以独立成词，是自由语素。另一些语素，如 -ish、-ness、-ly、dis-、trans- 和 un- 绝不能独立成词，是词的一部分，是黏着语素。）

（Fromkin *et al.* 1993：77（7th ed））

Some morphemes are bound in that they must be joined to other morphemes, are always parts of words, and are never words by themselves. Most morphemes are free in that they need not be attached to other morphemes; "free", "king", "serf", and "bore" are free morphemes; -dom, as in "freedom", "kingdom", "serfdom", and "boredom" is a bound morpheme. Affix, that is, prefixes, suffixes, infixes, and circumfixes, are bound morphemes. Prefixes occur before, suffixes after, infixes in the middle of, and circumfixes around stems or roots.（我们说，一些语素是黏着的，是指这些语素必须与其他语素组合，只能是词的一部分，永远不能独立成词。大多数语素是自由的，是指它们不必附加到其他语素上，就能独立成词；free、king、serf 和 bore 都是自由语素；-dom（freedom、kingdom、serfdom 和 boredom）是黏着语素。词缀，包括前缀、后缀、中缀和框缀是黏着语素。前缀位置永远在前面，后缀永远在后面，中缀在词的中间，框缀的位置位于词干或者词根的两侧。

（Fromkin *et al.* 1993：107（7th ed））

该书中举到的例子如"gentle、desire、boy"，都被定义为自由语素和词。其中提到词缀是黏着语素，而词根（root）和词干（stem）只要能独立成词，都是自由语素，即都可以是词。相同的观点还见于Andrew Radford *et al.*（2009）等众多欧美语言学论著中。

这一理论是以自由运用作为判定词与非词的标准，其中词可以构词。“黏着语素”是不能独立成词的语素，而“自由语素”是能够独立成词的语素。自由语素进入句法系统后就是词。因此像“校、男、之”这类的形式，可以接受句法运作，因此都是自由语素，也就是词。而“第～、阿～、～者、～化”等不能接受句法运作，就都是“黏着语素”，它们永远都不能独立成词，因此它们不是词。

在上世纪70年代以前，多数学者称嵌偶词这类单音成分为（实词）词根（root）或者“根词”。比如赵元任（1968、2011：90）指出“略”是root word（根词），李荣（1953）、林汉达（1953）、陆宗达、俞敏（1954）等都称这类有词汇意义、可以单用的语素为“词根语素”。我们认为，嵌偶词是词根语素，而能接受句法运作的词根语素是自由语素，就是词。

五、结论

嵌偶词不是半自由语素，而是“句法自由，韵律黏着”类的庄典的单音词。“半自由语素”的研究在定义这批实义单音节成分时，摇摆在“词”和“语素”之间。如果称之为词，就要说明为什么它的意义实在却不能“单说”；如果称之为语素，就要说明它为什么可以“单用”。为了解决这样的问题，有人用一种“半词半语素”的名称称呼它，如“半自由语素”或“黏着语素、半黏着语素”等。

从本书的分析可以看出，这些单音节成分的“半自由”主要是由于对嵌偶性的韵律模板认知不足而造成的研究理据之间有矛盾而已。“单说”（没有韵律限制）和“单用”（有韵律限制）之间的矛盾，以及“构词成分只能是词”的观点，导致“校”是半自由的语言单位。如果判词标准只用“句法自由”，同时舍去“单用”和“词不能构词”的观点，那么“校”就是句法上的词（syntactic word），而不是半自由语素，也不是词法中的词（morphological word）[①]。

如果认为自由语素是能独立成词的语素，而黏着语素是不能独立成词的语素，那么“校”就是自由语素，而不是黏着语素。本书对嵌偶词的定义正是基于这样的理论基础。

本书所论证的嵌偶词对汉语习得和教学有着重要的意义。首先，对母语者来说，嵌偶词是受过教育的人语文水平高低的标准。面对今天国人语文水平普遍滑坡的局面，提高对嵌偶词的认识、加强对嵌偶词的学习，是中小学以至大学语文教育不可或缺的一环。其次，在二语教学中，对母语非汉语的习得者来说，如果说嵌偶词是高级课程的学习对象的话，那么对有汉语背景的学习者而言，嵌偶词就是他们二三年级以上阶段的必学内容。嵌偶词是庄典体的表达形式，就像国典仪仗礼服，虽然不是每天的日用品，但适当的场合必不可少。更重要的是，汉语使用嵌偶词来表达“庄典”的语言机制，为我们丰富普通语言学理论提供了汉

① Jerome Packard（2000）曾管“鸭”叫词法中的词（morphological noun），用以区别句法中的词（syntactic noun）。

语的得天独厚的珍贵材料。

思考与练习

1. 请说明嵌偶词的“句法自由”与以往提到的“自由语素”和“自由运用”的“自由”有什么异同。
2. 定义“词”是现代汉语词法研究的核心问题之一。尝试着归纳一下以往研究以及本书中对词的定义方法，并谈谈两者之间的异同。
3. 单说即单独成句。请继续思考以下问题：什么样的单音单位可以单说？什么样的单音单位不可以单说？单说所对应的究竟是句法特征，还是韵律特征，或者是语义特征？最终是什么因素导致语段可以单说？
4. 以往的研究定义半自由语素的理论根据有哪些？

附录

汉语嵌偶单音词表

说明：加 * 号的为本书新增嵌偶单音词，其余为《汉语书面用语初编》所收嵌偶单音词。

嵌偶词	词性	词义	举例
爱 *	形容词	喜爱的，受别人喜爱的	爱车 | 爱女 | 爱犬 | 爱徒 | 爱子
谙 *	动词	熟悉	谙读 | 谙习 | 谙知 | 不谙 | 未谙 | 尤谙
案	名词	案件	案发 | 案中 | 本案 | 此案 | 连发三案
暗	副词	暗中，暗暗地	暗查 | 暗呼 | 暗送 | 暗想 | 暗助
罢$_{1}$*	动词（V 罢）	完毕	看罢 | 说罢 | 游罢 | 战罢
罢$_{2}$*	动词（罢 V）	停止	罢笔 | 罢黜 | 罢工 | 罢官 | 罢考 | 罢课
霸 *	动词	霸占	霸女 | 重霸 | 独霸 | 各霸一方 | 连霸
摆 *	名词	上衣、衬衫等最下端的部分	摆宽 | 后摆 | 前摆 | 衣摆
帮 *	名词	物体（里面一般是空的）两旁或周围	船帮 | 床帮 | 瓶帮 | 桶帮
傍 *	动词	靠近	傍岸 | 傍河 | 傍山 | 傍水
胞 *	名词	同父母的子女，同国家的人	港胞 | 苗胞 | 台胞 | 藏胞
饱	副词	充足地，充分地	饱看 | 饱浸热泪 | 饱经 | 饱历 | 饱受
暴	副词	突然，疯狂地	暴食 | 暴饮 | 暴征 | 暴走

（续表）

嵌偶词	词性	词义	举例
悲 *	形容词	悲伤	不悲 | 但悲 | 空悲 | 徒悲 | 亦悲
备	副词	全面地，完全地	备尝 | 备见 | 备经 | 备受 | 备载
倍	副词	加倍地	倍超 | 倍感 | 倍够 | 倍觉 | 倍受
悖 *	动词	违反	悖于 | 不悖 | 相悖 | 有悖
奔	动词	奔走，急跑	急奔 | 南奔 | 齐奔 | 前奔 | 直奔 |
迸 *	动词	向外溅出或喷射	迸火 | 迸玉 | 飞迸 | 乱迸
鼻	名词	鼻子	鼻侧 | 鼻内 | 鼻上 | 假鼻 | 无鼻
彼 *	代词	那，那个	彼城 | 彼处 | 彼国 | 彼时
毕 *	动词	完毕	毕其 | 礼毕 | 赛毕 | 演毕
畀 *	动词	给以	畀以 | 畀予 | 相畀 | 以畀
蔽 *	动词	挡住，遮盖	蔽日 | 蔽天 | 蔽以 | 蔽于
壁 *	名词	墙	侧壁 | 长壁 | 东壁 | 对壁 | 内壁 | 石壁 | 四壁 | 依壁
避	动词	躲，逃避	避敌 | 避祸 | 避居 | 避灾 | 不避
避 *	动词	防止	避火 | 避雷 | 避水 | 避战
遍	副词	到处	遍查 | 遍设 | 遍学 | 遍寻 | 遍邀
别 $_1$	代词	另外的	别地 | 别法 | 别国 | 别省 | 别样
别 $_2$	副词	另外	别成 | 别创 | 别具 | 别无 | 别有
宾 *	名词	客人	男宾 | 女宾 | 邀宾

（续表）

嵌偶词	词性	词义	举例
濒 *	动词	靠近（水边）	北濒 | 濒海 | 濒湖 | 已濒 | 再濒
鬓	名词	耳朵边的头发	短鬓 | 黑鬓 | 美鬓 | 双鬓 | 左鬓
并	副词	一块儿，同时	并称 | 并出 | 并往 | 并行 | 并织
捕	动词	捉	捕虫 | 捕鬼 | 捕鼠 | 捕于 | 不捕
部 *	名词	军队	本部 | 敌部 | 率部 | 我部 | 一部
彩	形容词	彩色的	彩笔 | 彩灯 | 彩蝶 | 彩桥 | 彩球
餐	名词	饭	餐后 | 每餐 | 免餐 | 三餐 | 用餐
残	形容词	不完整的	残币 | 残花 | 残汤 | 残雨 | 残云
惭 *	动词	羞愧	深惭 | 甚惭 | 心惭 | 自惭
惨	形容词	悲惨地，剧烈地	惨跌 | 惨号 | 惨呼 | 惨失 | 惨遭
草 *	副词	临时	草搭 | 草定 | 草制 | 草做
厕 *	名词	厕所，卫生间	厕内 | 冲厕 | 公厕 | 男厕 | 女厕 | 如厕
侧$_{1}$*	名词	旁边	侧厅 | 此侧 | 各侧 | 两侧 | 一侧 | 左侧
侧$_{2}$*	动词	（身体的一部分）向旁边歪斜	侧肩 | 侧头 | 侧望 | 侧眼
策 *	名词	计谋，办法	出策 | 大策 | 多策 | 为策 | 之策

（续表）

嵌偶词	词性	词义	举例
差$_2$*（chā）	副词	稍微，较	差冷 | 差能 | 差暖
差*（chāi）	名词	职位，工作	无差 | 闲差 | 要差
谗*	名词	在别人面前说某人的坏话	谗臣 | 谗口 | 谗贼 | 进谗 | 之谗
谄*	名词	谄媚，讨好别人的态度和做法	谄上 | 谄外 | 极谄 | 献谄
阐*	动词	说清楚	阐理 | 大阐佛法 | 细阐 | 专阐 | 自阐
娼*	名词	妓女	禁娼 | 为娼 | 一娼 | 作娼
长*（cháng）	动词	擅长	不长 | 更长行书 | 尤长 | 最长二胡
尝*	副词	曾经	尝能 | 尝有 | 尝与 | 何尝
偿*	动词	归还抵补	偿债 | 另偿 | 难偿 | 未偿 | 已偿
畅	形容词/副词	流畅；畅快地	不畅 | 畅流 | 畅抒情怀 | 畅述友谊 | 已畅
倡*	动词	提倡，带头做事	不倡 | 倡廉 | 大倡刻苦学习之风
钞*	名词	纸币	假钞 | 美钞 | 无钞 | 现钞 | 有钞
朝*（cháo）	名词	朝代	改朝 | 九朝 | 两朝 | 前朝
嘲*	动词	嘲笑	嘲他 | 嘲政 | 冷嘲 | 小嘲
彻*	形容词	通透	彻纠 | 吹彻 | 寒彻 | 响彻
臣*	名词	君主时代的官吏	称臣 | 该臣 | 君臣 | 群臣 | 为臣

（续表）

嵌偶词	词性	词义	举例
尘	名词	细土	尘迹｜尘间｜黄尘｜扫尘｜无尘
陈 *	动词	叙说	力陈｜另陈｜略陈｜详陈｜直陈
晨	名词	早晨	晨昏｜晨跑｜晨霞｜今晨｜晴晨
诚	形容词	真诚的，诚挚的	诚聘｜诚望赐教｜诚邀｜诚赠｜诚征一名秘书
承	动词	承担	承贷｜承改｜承建｜承修｜承制
程 *	名词	（旅行的）道路	此程｜兼程｜同程｜一程
迟 *	形容词	比规定的时间或者合适的时间靠后	不迟｜迟写｜较迟｜偏迟
耻 *	名词	令人羞耻的事	大耻｜前耻｜为耻｜之耻｜知耻
斥 *	动词	责备	斥其警备失职｜斥为｜斥之｜互斥
重	副词	重新	重报｜重夺｜重见｜重卖｜重聘｜重写｜重学｜重做
崇 *	动词	尊敬	不崇｜崇火｜崇美｜崇男｜崇圣
酬 *	动词	感谢报答	酬勤｜付酬｜取酬｜索酬｜再酬
稠 *	形容词	（人或者东西）密度大，稠密	变稠｜地窄人稠｜极稠
筹 *	动词	筹划	筹款｜筹有｜难筹｜重筹｜自筹
臭 *	副词	狠狠地（与指责类词搭配）	臭打｜臭骂｜臭说｜臭损｜臭训

（续表）

嵌偶词	词性	词义	举例
出	动词	超出	必出 | 不出 | 未出 | 已出 | 再出
初 *	副词	第一次，刚开始	初成 | 初开 | 初来 | 初露
雏 *	名词	幼小	雏豹 | 雏菊 | 雏鸟 | 雏燕 | 雏鹰
橱 *	名词	橱柜	餐橱 | 橱内 | 开橱 | 书橱 | 衣橱
储 *	动词	存放，储备	储于 | 暂储 | 增储 | 专储
黜 *	动词	罢免	被黜 | 黜礼 | 三黜 | 升黜 | 已黜
揣 *	动词	揣测，暗自琢磨	不揣 | 细揣 | 以己揣人 | 再揣
遄 *	副词	迅速地	遄发 | 遄返 | 遄飞 | 遄来 | 遄往
窗	名词	窗户	窗上 | 窗外 | 对窗 | 开窗
春	名词	春天	报春 | 今春 | 明春 | 去春 | 温暖如春
翠	形容词	像玉一样绿的	翠草 | 翠绿 | 翠青 | 翠山 | 翠芽
挫	动词	挫败，使对方败	大挫 | 连挫 | 屡挫 | 再挫 | 重挫
错	形容词	错误的	错捕 | 错砍 | 错认 | 错杀 | 错用
达 *	动词	到达	不达 | 多达 | 高达 | 难达 | 已达
大	副词	极力地，大大地	大挫 | 大讲 | 大鸣 | 大批 | 大谈
代	副词	代替	代办 | 代购 | 代销

（续表）

嵌偶词	词性	词义	举例
单	副词	单独，只	单飞｜单靠｜单练｜单凭｜单缺｜单用
当	介词	正对着的	当窗｜当门｜当胸｜当院
盗	动词	偷窃	盗卖汽车｜盗走｜连盗四户｜再盗｜暂盗
敌	名词	敌人	敌机｜敌境｜敌军｜敌我
定	副词	一定，必定	定查｜定将｜定能｜定招｜定知
冬	名词	冬天	冬趣｜旱冬｜今冬｜明冬｜入冬
陡	副词	急剧，陡然地	陡跌｜陡起｜陡升｜陡添｜陡增｜陡涨
都$_{1}$*	名词	指以盛产某种东西闻名的城市	瓷都｜磁都｜煤都
都$_{2}$*	名词	首都	宋都｜唐都｜元都
独	副词	独立地，一个人	独存｜独居国外｜独领乐坛｜独擅｜独享｜独掌
端 *	名词	东西的一头儿	北端｜此端｜两端｜绳端｜一端
断$_{1}$*	副词	绝对，一定（多用于否定式）	断不｜断难｜断能｜断无
断$_{2}$*	动词	决定，判断	断事｜乱断｜难断｜误断
顿	副词	立刻，顿时	顿感｜顿觉｜顿开｜顿无｜顿消
额	名词	额头	额边｜额侧｜额角｜额上
耳 *	名词	耳朵	两耳｜捂耳｜一耳｜左耳
发 *	名词	头发	掉发｜红发
乏 *	动词	缺乏	不乏｜极乏｜尤乏｜又乏

（续表）

嵌偶词	词性	词义	举例
反	副词	反而	反得 | 反更 | 反觉 | 反有
返	动词	返回	返京 | 返美 | 返途
妨 *	动词	妨碍	何妨 | 无妨 | 以妨
飞	形容词	飞快的、飞一样的	飞报 | 飞奔 | 飞驶 | 飞泻
奋 *	副词	鼓起劲来，振作	奋击 | 奋拓 | 奋扬 | 奋迎
愤 *	动词	因为不满意而感情激动	愤斥 | 愤喝 | 愤离 | 愤则大骂 | 共愤
逢	动词	遇到，碰到	每逢 | 喜逢 | 再逢
讽 *	动词	用含蓄的话指责或劝告	暗讽 | 讽今 | 讽贪 | 专讽
符	动词	符合	均符 | 内符国情，外合潮流 | 难符
复$_1$*	副词	重复，再一次	复查 | 复得 | 复写
复$_2$*	动词	回答，回信	电复 | 复信 | 亲复 | 以复
复$_3$*	动词	修复，恢复	刚复 | 难复 | 暂复 | 逐复
改	动词	改变	改唱民歌 | 改乘 | 改教数学 | 改练 | 改写 | 改学
概 *	副词	一律（多用于否定）	概不 | 概凡 | 概无 | 概以 | 概由
甘	动词	甘愿	不甘 | 甘受 | 甘于 | 甘做 | 自甘
感	动词	感到	倍感 | 不感 | 颇感歉意 | 稍感不适 | 突感
各	代词	每一个，分别	各持 | 各拿 | 各盼
共	副词	共同，一起	共分 | 共享 | 共有
苟 *	副词	随便	苟度 | 苟取 | 苟言
构 *	动词	构造，组合	共构 | 构词 | 构思 | 难构 | 新构

（续表）

嵌偶词	词性	词义	举例
孤	形容词	单独的	孤处一方 | 孤手 | 孤耸入云 | 孤雁
骨	名词	骨头	骨感 | 骨面 | 骨内 | 骨中
固 $_1$	副词	本来，当然	固不 | 固成 | 固难 | 固无 | 固需 | 固有
固 $_2$*	副词	坚决地，坚定地	固持 | 固请 | 固让 | 固守
故	形容词	原来的	故地 | 故情 | 故所 | 故主
寡 *	形容词	少	多寡 | 寡闻 | 寡语 | 寡助 | 甚寡
馆	名词	指图书馆、旅馆、博物馆	馆里 | 馆内 | 馆前 | 馆外 | 馆务
惯	动词	习惯	不惯 | 惯穿一身白棉衬衫 | 惯于
广	副词	广泛地	广传 | 广交 | 广览 | 广谈 | 广寻
归 *	动词	返回	复归 | 归国 | 难归 | 已归
规 *	名词	规则，成例	此规 | 定规 | 陋规 | 室规
国	名词	国家	本国 | 建国 | 两国 | 千乘之国 | 我国
过	副词	过分地	过长 | 过小 | 过严 | 过早
害	名词	伤害	此害 | 大害 | 各害 | 诸害
寒	形容词	寒冷	寒地 | 寒雨 | 极寒 | 秋风更寒
豪 *	形容词	气魄大，直接痛快，没有拘束的	豪肠 | 豪唱 | 豪言 | 为豪
合	副词	联合，一块儿	合创 | 合练 | 合说 | 合写 | 合演 | 合著
狠	副词	狠狠地	狠击 | 狠揭 | 狠批 | 狠挖 | 狠抓

H

（续表）

嵌偶词	词性	词义	举例
横$_1$	副词	横向地	横穿 | 横躺 | 横卧 | 横握刀叉 | 横写 | 横在
衡 *	动词	衡量	仅衡 | 难衡 | 相衡 | 欲衡
横$_2$	副词	霸道地	横不讲理 | 横插一手 | 横刮民财 | 横收路费 | 横占
厚	副词	重重地，大量地	厚赐 | 厚赏 | 厚输财物 | 厚予馈赠 | 厚赠
忽	副词	忽然	忽感 | 忽见 | 忽听 | 忽至
互	副词	互相	互打 | 互道 | 互骂 | 互为 | 互咬 | 互有来往 | 互赠
患	动词	得了……病	患过 | 患有
惠$_1$*	名词	给予的或得到的好处，恩惠	得惠 | 施惠 | 受惠 | 小惠
惠$_2$*	动词	给别人好处	互惠 | 惠民 | 惠农 | 惠人 | 以惠
婚$_1$*	动词	结婚	备婚 | 逼婚 | 婚后 | 婚期 | 未婚 | 已婚 | 又婚
婚$_2$*	名词	婚姻	婚内
获	动词	获得	获有 | 获赠 | 暂获
惑 *	动词	迷惑	不惑 | 惑于 | 惑众 | 迷惑
讥 *	动词	讥讽	被……讥为 | 被讥 | 反讥 | 相讥
积 *	动词	积累，聚集	共积 | 渐积 | 均积 | 仍积 | 日积
急	形容词	紧急	急奔 | 急告 | 急诉
计	动词	计算，考虑	不计 | 共计 | 计牌 | 计数
季	名词	季节	按季上交养老费 | 两季 | 三季

J

（续表）

嵌偶词	词性	词义	举例
迹 *	名词	留下的印子，痕迹	莱迹 | 此迹 | 匪迹 | 兽迹 | 汤迹
济 *	动词	救，对事情有益	暗济 | 私济 | 无济 | 足济
佳	形容词	好	不佳 | 极佳 | 佳木 | 甚佳
颊	名词	脸颊	颊前 | 颊上 | 嫩颊 | 双颊 | 左颊
肩 1	名词	肩膀，担负	单肩 | 肩上 | 双肩
肩 2	动词	担负	更肩重要使命 | 肩带 | 肩有
兼	副词	同时	兼发 | 兼具 | 兼营 | 兼有 | 兼知
检 *	动词	查	不检 | 检其 | 巡检 | 专检
简	形容词	简单，简化	过简 | 简政 | 甚简
渐	副词	渐渐地	渐呈 | 渐老 | 渐冷 | 情况渐佳 | 天气渐暖
鉴 *	动词	照，仔细查	可鉴 | 难鉴 | 为鉴 | 详鉴
疆 *	名词	边界、边疆	疆臣 | 南疆 | 守疆 | 卫疆 | 战疆
阶 *	名词	等级	本阶 | 高阶 | 末阶 | 升阶
结	动词	缔结，结成	结队 | 结为 | 结下 | 结友 | 喜结
解	动词	理解，解决	多不可解 | 难解 | 未解 | 已解
今	名词	现在，当前	今春 | 今晚 | 今夏 | 今夜
紧	形容词	空隙小，接近	紧跟 | 紧拉缰绳 | 紧抿 | 紧握双手 | 紧抓
尽 *	副词	全，都	尽列 | 尽如 | 尽扫 | 尽显
近 1	名词	最近	近读 | 近访 | 近闻 | 近有

（续表）

嵌偶词	词性	词义	举例
近$_2$	形容词/动词	接近	不近 | 近人 | 稍近
禁 *	动词	禁止	难禁 | 严禁 | 已禁
精	形容词	精通，出色	博而不精 | 不精 | 极精 | 精于 | 他书法甚精
颈	名词	脖子	颈后 | 颈上 | 瓶颈
景	名词	景色	此景 | 故景 | 旧景 | 那景 | 小景
静	形容词	静静的，平静的	静观 | 静看 | 静品
境$_1$	名词	边境	境外 | 入境 | 巡境 | 沿境 | 之境
境$_2$	名词	境况，情境	奇境 | 实境 | 新境
镜	名词	镜子	镜边 | 镜前 | 镜中
久	形容词	时间长	久等 | 久思 | 久住
举 *	形容词	全	举国 | 举家 | 举省 | 举校
巨	形容词	巨大	巨片 | 甚巨 | 之巨
具	动词	具备	不具 | 已具 | 暂具
俱	副词	全部	俱败 | 俱毁 | 俱知
剧$_1$	副词	剧烈	剧跌 | 剧抖 | 剧减
剧$_2$	名词	戏剧	该剧 | 剧中 | 某剧
距 *	名词	距离	车距 | 村距 | 架距 | 树距
惧	动词	惧怕	不惧 | 惧光 | 尤惧
聚	动词	凑在一起	紧聚 | 聚财 | 聚在
觉	动词	觉得	便觉 | 顿觉 | 反觉 | 仍觉可疑 | 尚觉安全 | 终觉
决	动词	决定	（长期）不决 | 未决 | 已决
刊$_1$	名词	刊物	本刊 | 贵刊 | 某刊

K

（续表）

嵌偶词	词性	词义	举例
刊$_2$	动词	刊行	刊出 | 刊文 | 刊有
堪$_1$*	动词	可以，能够	堪当 | 堪任 | 堪为 | 堪作
堪$_2$*	动词	能忍受，能承受	不堪 | 更堪 | 均堪 | 难堪
苛 *	形容词	过于严厉	过苛 | 苛敛 | 苛税 | 苛索 | 甚苛
恐	动词	恐怕，害怕	恐核 | 犹恐 | 只恐
控 *	动词	控制	可控 | 难控 | 失控 | 远控
枯	形容词	干枯的，枯竭的	枯季 | 枯死 | 枯枝
苦	副词	辛苦地，尽力地	苦撑 | 苦练 | 苦劝 | 苦学
酷	副词	特别地，极度地	酷好 | 酷晒 | 酷嗜
快$_1$	形容词 / 名词	高兴的；快乐	极快 | 快事 | 为快
快$_2$	形容词	很快的	快笔 | 快刀 | 快马 | 快饮
狂	副词	疯狂地	狂奔 | 狂轰 | 狂击 | 狂袭
窥 *	动词	偷偷地看	暗窥 | 反窥 | 偷窥 | 专窥
困	动词	使陷入困境	独困 | 困在 | 自困
扩 *	动词	扩大	东扩 | 扩岛 | 须扩 | 欲扩 | 再扩
乐	形容词 / 名词	快乐的，高兴的；快乐	乐在 | 同乐 | 为乐
力	副词	全力地	力保 | 力避 | 力倡 | 力夺 | 力戒 | 力排
连	副词	连续地	连发 | 连写 | 连中
怜 *	动词	怜悯	更怜 | 怜之 | 徒怜 | 相怜
联 *	动词	联接	互联 | 今联 | 联俄 | 外联 | 亦联
良$_1$	形容词	好的	良才 | 良类 | 良马
良$_2$	副词	很，特别	良多 | 良苦 | 良深

L

（续表）

嵌偶词	词性	词义	举例
两	副词	两个	两大条件 | 两难 | 两说 | 两用
料	动词	料想，想到	料到 | 所料 | 未料 | 已料 | 早料
邻	名词	邻居，旁边的	旧邻 | 强邻 | 远邻 | 左邻
临 *	动词	来到，到达	身临 | 未临 | 再临 | 曾临
另	副词	另外	另搞 | 另选 | 另有 | 另找
屡	副词	屡次地	屡败 | 屡获 | 屡建 | 屡受
履 *	名词	鞋	布履 | 破履 | 浅履 | 轻履
律 $_1$*	动词	约束	不律 | 律人 | 难律 | 自律
律 $_2$*	名词	规则，法律	按律 | 商律 | 无律 | 西律
略 $_1$	副词	略微地	略迟 | 略写 | 略有
略 $_2$	动词	省去	不略 | 可略 | 略去 | 暂略
满	副词	满满地	满带 | 满含 | 满装
萌 *	动词	萌芽，萌生	复萌 | 始萌 | 已萌 | 自萌
猛	副词	猛烈地	猛攻 | 猛击 | 猛进
觅	动词	寻找	苦觅 | 另觅 | 难觅
秘 *	名词	秘密	秘器 | 秘逃 | 秘文 | 秘宣
免 *	动词	免除	免钱 | 全免 | 亦免 | 暂免
妙	形容词	神奇的	妙论 | 妙思 | 甚妙
灭	动词	消灭	灭敌 | 灭蝇 | 难灭
明	形容词	公开的	明抢 | 明说 | 明问
没 *（mò）	动词	人或动物沉下或沉没	没入 | 未没 | 已没 | 暂没
目 *	名词	眼睛	多目 | 美目 | 目视 | 双目
内	名词	内部，向里头	内斗 | 内迁 | 内需
宁 *	副词	宁可	宁可 | 宁缺 | 宁死 | 宁走

（续表）

嵌偶词	词性	词义	举例
佩$_1$*	动词	佩戴	不佩｜身佩｜腰佩｜又佩
佩$_2$*	动词	佩服	可佩｜深佩｜甚佩｜尤佩
疲 *	形容词	疲劳	不疲｜疲马｜疲于｜甚疲
辟 *	动词	开辟	辟为｜辟作｜单辟｜另辟｜新辟｜已辟
频	副词	频频地，多次地	频出｜频传｜频发｜频获｜频取｜频遭
期 *	名词	预订的时日	到期｜定期｜该期｜考期
欺	动词	欺负	不欺｜欺老｜欺人
齐	副词	一齐	齐赴｜齐鸣
奇$_1$	副词	非常的，特别的	奇快｜奇美｜奇香｜奇准
奇$_2$	形容词	奇怪的，独特的，罕见的	奇论｜奇人｜奇事｜奇书｜奇想
歧 *	形容词	不同	两歧｜歧流｜歧误
乞 *	动词	乞讨	难乞｜乞和｜乞钱｜乞者
启 *	动词	打开	大启｜难启｜启门｜启信
弃 *	动词	抛弃	不弃｜弃妻｜弃钱｜暂弃
恰 *	副词	恰好，正	恰逢｜恰见
迁 *	动词	迁移	东迁｜迁家｜新迁｜远迁
前	副词 / 名词	前面	前加｜前行｜前移
潜 *	副词	秘密地	潜存｜潜进｜潜望｜潜移
强$_1$	副词	使用武力	强渡｜强夺｜强取
强$_2$	副词	极力地	强谏｜强忍｜强说
巧	形容词	巧妙地	巧打｜巧解｜巧取｜巧施｜巧用
切	动词	切合，符合	不切｜方切｜更切｜最切

（续表）

嵌偶词	词性	词义	举例
窃$_1$	动词	偷	被窃｜窃得｜遭窃
窃$_2$	副词	偷偷地	窃听｜窃笑｜窃知
侵*	动词	侵入	南侵｜强侵｜侵华｜再侵
亲	副词	亲自	亲见｜亲述｜亲闻
轻	形容词	轻轻的	轻放｜轻抚｜轻碰｜轻叹
情	名词	情况	按情｜伤情｜依情
秋	名词	秋天	今秋｜秋日｜秋月｜入秋
屈*	动词	使屈服，屈服	必屈｜略屈｜难屈｜易屈｜暂屈
趋	动词	趋向	更趋｜趋于｜未趋一致｜形势趋好｜已趋
趣*	名词	趣味，兴趣	成趣｜此趣｜无趣｜寻趣
确	副词	的确	确为｜确无｜确有
扰*	动词	扰乱	扰人｜勿扰｜尤扰｜专扰
融$_1$*	动词	融化	不融｜未融｜易融
融$_2$*	动词	融合	共融｜互融｜皆融｜相融
辱*	动词	羞辱	不辱｜大辱｜相辱｜再辱
善	动词	擅长	不善｜更善｜极善｜只善
擅$_1$	动词	擅长	擅唱｜擅使｜擅写｜擅用｜有人擅舞，有人擅歌
擅$_2$	副词	擅自	擅离｜擅入｜擅行
稍*	副词	稍微	稍长｜稍迟｜稍等
涉*	动词	牵涉	不涉｜互涉｜与……无涉｜直涉
身	名词	自身，本身	身负｜身感｜身兼｜身为
深	副词	深入地	深感｜深掘｜深虑｜深挖｜深问

（续表）

嵌偶词	词性	词义	举例
甚	副词	极，特别	甚广｜甚微｜甚喜
胜 *	动词	打败，胜利	大胜｜尽胜｜净胜｜取胜
盛 *	副词	普遍地，广泛地	盛请｜盛谈｜盛邀｜盛招
施 *	动词	施行	可施｜难施｜施法｜专施
实 $_1$	副词	确实，的确	实恐｜实闻｜实有
实 $_2$	形容词	实际上，真实，实在	实称｜实得｜实获
始	副词	开始	始觉｜始知｜始制（文字）
饰 *	动词	掩饰	暗饰｜不饰｜难饰｜饰非
试	副词	试着，尝试	试办｜试穿｜试讲
释 *	动词	放开，消除	不释｜略释愁怀｜难释｜释除
嗜	动词	喜欢	不嗜｜独嗜｜偏嗜
匙 *	名词	勺子	金匙｜举匙｜小匙｜一匙｜用匙
授 *	动词	给予，交付，传授	难授｜授牌｜授书｜暂授｜坐授
述 *	动词	陈说，叙述	哭述｜难述｜述事｜再述
衰 *	动词	衰弱	不衰｜渐衰｜未衰
私	副词	暗地里，私下地	私查｜私订｜私定｜私盖
思	动词	思考，想念	常思｜久思｜苦思｜深思
速 $_1$	形容词	快速地	速来｜速取｜速送
索 $_1$*	动词	要	紧索｜频索｜索财｜索贿
索 $_2$*	动词	寻找	遍索｜立索｜难索｜再索
他 $_1$*	代词	另外的，其他的	他城｜他地｜他国｜他校
他 $_2$*	代词	指别的方面或其他地方（他＋动词）	他飞｜他借｜他去｜他用

（续表）

嵌偶词	词性	词义	举例
特	副词	特地	特来 | 特批 | 特遣
停	动词	停止	停播 | 停飞 | 停运
通 *	动词	到达	南通 | 四通 | 通美 | 直通
同$_{1}$	形容词	相同，一样	略同 | 趋同 | 亦同
同$_{2}$	副词	一块儿	同观 | 同来 | 同做
童 *	名词	儿童	病童 | 画童 | 舞童 | 小童
痛	副词	痛快地，沉痛地	痛歼 | 痛述 | 痛诉
突	副词	突然	突访 | 突感 | 突生
徒	副词	空，白白地	徒叹 | 徒有 | 徒招
途	名词	半路，旅途	旧途 | 途中 | 之途
妥	形容词	合适，妥当	办妥 | 签妥 | 谈妥
外$_{1}$	形容词	（省、市、国）外边的	外班 | 外办 | 外校
外$_{2}$	副词	向外，从外面	外聘 | 外渗 | 外寻
外$_{3}$	名词	外边	船外 | 窗外 | 法外 | 馆外 | 楼外
挽 *	动词	挽救	可挽 | 力挽 | 难挽 | 再挽
亡 *	动词	死	将亡 | 未亡 | 已亡 | 终亡
枉 *	副词	白白地，徒然	枉称 | 枉耗 | 枉来 | 枉作
往	动词	去	将往 | 速往 | 已往
妄 *	副词	非分地，出了轨地，胡乱	妄拟 | 妄谈 | 妄造 | 妄作
微	副词	稍微，略微	微拂 | 微启 | 微倾 | 微屈
围	动词	包围	围抱 | 围抢 | 围杀
畏	动词	害怕	不畏 | 可畏 | 深畏
闻 *	动词	听，听说	不闻 | 未闻 | 曾闻 | 只闻
屋	名词	房子	屋后 | 屋前 | 屋外

（续表）

嵌偶词	词性	词义	举例
务 *	副词	务必	务念 | 务请 | 务让 | 务邀
误	副词	错误地	误判 | 误食 | 误听 | 误信 | 误饮
悟 *	动词	了解，领会	大悟 | 难悟 | 悟得 | 终悟
悉 *	副词	全部	悉力 | 悉令 | 悉听 | 悉由
惜 $_1$*	动词	爱惜	颇惜 | 惜时 | 最惜
惜 $_2$*	动词	舍不得	不惜 | 更惜 | 尤惜 | 最惜
喜	形容词	高兴的	喜得 | 喜逢 | 喜遇
细	形容词	详细的	细查 | 细看 | 细问
嫌	动词	嫌弃	不嫌 | 略嫌 | 稍嫌
显 *	动词	表现，露出	不显 | 大显 | 各显 | 更显
险	形容词 / 名词	危险的；危险	避险 | 多险 | 险局 | 险路
现 *	副词	临时，当时	现编 | 现写 | 现已 | 现做
羡 *	动词	羡慕	暗羡 | 不羡 | 更羡 | 羡其
相	副词	互相	相搀 | 相敬 | 相聚 | 相谈
详 *	形容词	详细，清楚	不详 | 极详 | 详述 | 详谈
享	动词	享受	饱享 | 独享 | 共享 | 享尽
校	名词	学校	本校 | 我校 | 校外
效 *	名词	效果	此效 | 大效 | 该效 | 奇效
斜	形容词	斜着	斜靠 | 斜卧 | 斜行
谐 *	形容词	和谐	初谐 | 方谐 | 可谐 | 难谐
薪	名词	薪水	发薪 | 加薪 | 停薪
信	动词	相信	不信 | 总信
幸	形容词	幸运的	幸得 | 幸获 | 幸有
休 $_1$*	动词	休息	大休 | 多休 | 难休 | 欲休

（续表）

嵌偶词	词性	词义	举例
休$_2$*	副词	表示禁止或劝阻（休+动词+宾语）	休得 | 休提 | 休想 | 休做
需	动词	需要	不需 | 定需 | 确需
许	动词	允许	不许 | 相许 | 只许
续	动词	继续	续订 | 续约 | 再续
寻 *	动词	寻找	另寻 | 寻友 | 又寻 | 再寻
循 *	动词	依照，遵守	必循 | 皆循 | 久循 | 可循
殉 *	动词	为维护某种事物或追求某种理想而牺牲性命	同殉 | 相殉 | 以殉 | 亦殉
言	名词	话，句子	此言 | 无言 | 一言 | 有言
厌 *	动词	不喜欢	不厌 | 颇厌 | 厌读 | 尤厌
宴$_1$*	动词	请人吃饭	不宴 | 共宴 | 群宴 | 宴客
宴$_2$*	名词	宴席	此宴 | 大宴 | 设宴 | 宴上
扬 *	动词	传播出去	大扬 | 更扬 | 尤扬 | 专扬
邀	动词	邀请	诚邀 | 拟邀 | 盛邀 | 已邀
衣	名词	衣服	穿衣 | 脱衣 | 洗衣 | 衣食
宜	形容词	合适	更宜 | 尤宜 | 只宜
异 *	动词	与……不同	不异 | 稍异 | 相异 | 异于
抑 *	动词	向下按，压制	难抑 | 抑火 | 抑强 | 又抑
易	形容词	容易	易懂 | 易读 | 易解 | 易学 | 易知
益 *	副词	更加	益精 | 益觉 | 益寿
盈 *	动词	充满	不盈 | 已盈 | 盈头
映 *	动词	因光线照射而显出物体的形象	互映 | 未映 | 映入 | 映在
永 *	副词	永远地	永垂 | 永为 | 永载 | 永在

Y

（续表）

嵌偶词	词性	词义	举例
勇	形容词	勇敢	勇闯｜勇创｜勇担｜勇攀｜勇擒
尤	副词	尤其	尤好｜尤佳｜尤难｜尤嗜
友 *	名词	朋友	待友｜忘友｜为友｜无友｜择友
迂	形容词	迂腐	过迂｜甚迂｜太迂
愚 *	形容词	笨	颇愚｜若愚｜愚民｜愚人
余	动词	剩下，余下	余款｜余论｜余资
予	动词	给	不予｜将予｜可予｜未予｜应予
语 $_1$	名词	话	不语｜此语｜少语｜无语
语 $_2$*	动词	说	不语｜低语｜又语｜语于
狱	名词	监狱	塔狱｜狱内｜狱中
域 *	名词	泛指某种范围	多域｜该域｜内域｜域外
欲	动词	要	本欲｜不欲｜欲得｜欲知
遇	动词	碰见	偶遇｜未遇｜遇鬼｜只遇
喻 *	动词	比喻	巧喻｜相喻｜喻为｜自喻
御 *	动词	抵挡	难御｜以御｜御敌｜足御
愈 $_1$	动词	（病）转好	初愈｜难愈｜未愈
愈 $_2$	副词	更	愈感｜愈加｜愈觉｜愈是｜愈想
园	名词	园子	本园｜园内｜园中
原 *	形容词	原来，本来	原定｜原能｜原想｜原有
源 *	名词	（水流）起头的地方，根源	福源｜该源｜乱源｜之源
远 *	副词	距离长	远见｜远叫｜远看｜远望
阅 *	动词	读	可阅｜细阅｜阅报｜专阅

（续表）

Z

嵌偶词	词性	词义	举例
允 *	动词	许可	不允 | 特允 | 允入 | 专允
载 *	动词	装，承载	载货 | 载人 | 载有 | 专载
暂	副词	暂时	暂别 | 暂无 | 暂许
责 *	动词	责备	不责 | 难责 | 责他 | 责之
择	动词	选择	不择 | 择业 | 择友
增	动词	增加	大增 | 陡增 | 剧增 | 日增 | 新增
憎 *	动词	憎恨	不憎 | 相憎 | 憎其 | 最憎
彰 *	动词	明显表示	光彩互彰 | 未彰 | 已彰 | 彰其
掌	名词	手掌	小掌 | 掌上 | 掌中
障 *	名词	用来阻碍的东西	大障 | 路障 | 无障 | 之障
朝 *（zhāo）	名词	天，日	朝别 | 朝朝 | 朝暮 | 一朝
臻	动词	到，达到	更臻 | 渐臻 | 未臻 | 已臻
征 *	动词	征收	不征 | 加征 | 再征 | 征粮
知	动词	知道	不知 | 皆知 | 未知
职	名词	职位，职务	辞职 | 降职 | 有职
止 *	动词	停止	不止 | 立止 | 止怒 | 止疼
至	副词	最	至爱 | 至高 | 至美 | 至真
质 *	名词	性质，本质	该质 | 美质 | 新质 | 之质
终 *	副词	最后	终必 | 终将 | 终立 | 终为
众 *	名词	很多人	惑众 | 聚众 | 之众 | 众论
周	名词	星期	本周 | 几周 | 两周 | 下周
骤	副词	突然，急剧	骤感 | 骤降 | 骤落 | 骤起 | 骤升
逐 *	动词	追着跑	大逐 | 欲逐 | 暂逐 | 逐兔

（续表）

嵌偶词	词性	词义	举例
助	动词	帮助	能助｜无助｜有助
住	动词	停止；使停止	不住｜住马｜住水
撰 *	动词	写	另撰｜同撰｜撰书｜撰文
状 *	名词	情况	病状｜惨状｜此状｜该状
准	动词	允许	不准｜只准｜准假｜准行（驶）
桌	名词	桌子	此桌｜方桌｜石桌｜五桌
酌 *	动词	考虑	暗酌｜酌加｜酌拟｜自酌
资	名词	资金	垫资｜巨资｜欠资｜闲资
自	代词	自己	自带｜自责｜自知
宗 $_1$*	名词	宗旨	定宗｜开宗｜其宗｜之宗
宗 $_2$*	名词	为众人所师法的人物	茶宗｜词宗｜画宗｜诗宗
踪 *	名词	痕迹	查踪｜敌踪｜其踪｜之踪
纵 $_1$*	形容词	地理上南北向的，与“横”相对	纵贯｜纵看｜纵路｜纵跳
纵 $_2$*	动词	放任	太纵｜纵鸽｜纵之｜纵子
足	副词	足够地，完全地	足见｜足与｜足证
阻 *	动词	阻挡	可阻｜难阻｜已阻｜尤阻
遵 *	动词	遵守	必遵｜不遵｜仅遵｜遵规

参考文献

[1] 伯韩 . 应当建立词的观念 [J]. 中国语文，1952（5）：4-5.

[2] 陈承泽 . 国文法草创 [M]. 上海：商务印书馆，1922.

[3] 程雨民 . 汉语以语素为基础造句（上）[J]. 暨南大学华文学院学报，2001a（1）：35-48.

[4] 程雨民 . 汉语以语素为基础造句（下）[J]. 暨南大学华文学院学报，2001b（2）：29-36.

[5] 程雨民 . 汉语字基语法——语素层造句的理论和实践 [M]. 上海：复旦大学出版社，2003.

[6] 程远 . 临时单音词 [M]. 中国语文，1958（5）：344.

[7] 董秀芳 . 汉语的词库与词法 [M]. 北京：北京大学出版社，2004.

[8] 冯胜利 . 汉语的韵律、词法与句法 [M]. 北京：北京大学出版社，1997.

[9] 冯胜利 . 论汉语的“自然音步”[J]. 中国语文，1998（1）：40-47.

[10] 冯胜利 . 汉语韵律句法学 [M]. 上海：上海教育出版社，2000a.

[11] 冯胜利 . 论汉语“词”的多维性 [J]. 当代语言学，2001（3）：161-174.

[12] 冯胜利 . 韵律构词与韵律句法之间的交互作用 [J]. 中国语文，2002（6）：515-524.

[13] 冯胜利 . 韵律制约的书面语与听说为主的教学法 [J]. 世界汉语教学，2003a（1）：87-97.

[14] 冯胜利．书面语语法及教学的相对独立性 [J]. 语言教学与研究，2003b（2）：53-63.

[15] 冯胜利．汉语韵律语法研究 [M]. 北京：北京大学出版社，2005a.

[16] 冯胜利、胡文泽主编．对外汉语书面语教学与研究的最新发展 [C]. 北京：北京语言大学出版社，2005b.

[17] 冯胜利．汉语书面用语初编 [M]. 北京：北京语言大学出版社，2006.

[18] 冯胜利．韵律语法理论与汉语研究 [J]. 语言科学，2007（2）：48-59.

[19] 冯胜利．论语体的机制及其语法属性 [J]. 中国语文，2010b（5）：400-479.

[20] 冯胜利．韵律句法学研究的历程与进展 [J]. 世界汉语教学,2011（1）：13-31.

[21] 冯胜利．汉语韵律句法学（增订本）[M]. 北京：商务印书馆，2013.

[22] 冯胜利. 语体俗、正、典三分的历史见证：风、雅、颂[J]. 语文研究，2014（2）：1-10.

[23] 郭锐．现代汉语词类研究 [M]. 北京：商务印书馆，2002.

[24] 胡明扬．语体和语法 [J]. 汉语学习，1993（2）：1-3.

[25] 胡明扬．词类问题考察 [M]. 北京：北京语言学院出版社，1996.

[26] 黄伯荣、廖旭东主编．现代汉语（增订版）[M]. 北京：高等教育出版社，1991.

[27] 黄梅．现代汉语嵌偶单音词的韵律句法研究 [M]. 北京：北京语言大学出版社，2012.

[28] 黄正德、李艳慧、李亚飞．汉语句法学 [M]. 张和友译．北京：世界图书出版公司，2013.

[29] 黎锦熙．新著国语文法 [M]. 北京：商务印书馆，1956.

[30] 李荣 . 汉语的基本字汇 [J]. 科学通报，1952（7）：449-452.

[31] 李荣 . 字汇和词汇（答李向真）[J]. 中国语文，1953（5）：17-27.

[32] 李向真 . 关于汉语的基本词汇 [J]. 中国语文，1953（4）：3-7.

[33] 李作南、李仁孝 . 古今汉语语法比较 [M]. 呼和浩特：内蒙古人民出版社，1985.

[34] 林汉达 . 汉语是不是单音节语 [J]. 中国语文，1952（5）：6-11.

[35] 林汉达 . 名词的连写问题（上）/（下）[J]. 中国语文,1953（5）/（6）.

[36] 刘叔新 . 汉语描写词汇学（重排本）[M]. 北京：商务印书馆，2005.

[37] 陆俭明 . 名词性“来信”是词还是词组 [J]. 中国语文，1988（5）：366-379.

[38] 陆俭明 . 我关于“字本位”的基本观点 [J]. 语言科学，2011（3）：225-230.

[39] 陆志韦 . 汉语的构词法 [M]. 北京：科学出版社，1957.

[40] 吕叔湘 . 汉语里“词”的问题概述（俄语译文）[J]. 1959. 又载于吕叔湘 . 汉语语法论文集（增订版）[C]. 北京：商务印书馆，1984：344-353.

[41] 吕叔湘 . 说“自由”和“黏着”[J]. 中国语文，1962（1）：1-6. 又载于吕叔湘 . 汉语语法论文集（增订版）[C]. 北京：商务印书馆，1984：370-384.

[42] 吕叔湘 . 现代汉语单双音节问题初探 [J]. 中国语文，1963（1）：10-22. 又载于吕叔湘 . 汉语语法论文集（增订版）[C]. 北京：商务印书馆，1984：415-444.

[43] 吕叔湘 . 汉语语法分析问题 [M]. 北京：商务印书馆，1979.

[44] 吕叔湘主编 . 现代汉语八百词（增订版）[C]. 北京：商务印书馆，1999.

[45] 吕叔湘．中国文法要略 [M]. 吕叔湘全集（第一卷）. 沈阳：辽宁教育出版社，2002a.
[46] 吕叔湘、朱德熙．语法修辞讲话 [M]. 吕叔湘全集（第四卷）. 沈阳：辽宁教育出版社，2002b.
[47] 马建忠．马氏文通 [M]. 上海：商务印书馆，1929.
[48] 潘文国．语言的定义 [J]. 华东师范大学学报（哲学社会科学版），2001（1）：97-108.
[49] 潘文国．“字本位”理论的哲学思考 [J]. 语言教学与研究，2006（3）：36-45.
[50] 史存直．什么是词儿 [J]. 中国语文，1956a（3）：20-22.
[51] 史存直．再论什么是词儿 [J]. 中国语文，1956b（9）：3-10.
[52] 史存直．论词儿和判断词儿的方法．语文论集（第一集）[C]. 北京：中华书局，1957：1-46.
[53] 孙德金．从汉语作为第二语言的角度看汉语“词”的问题 [J]. 玉溪师范学院学报，2011（5）：1-10.
[54] 孙德金．现代书面汉语中的文言语法成分研究 [M]. 北京：商务印书馆，2012.
[55] 索绪尔．普通语言学教程 [M]. 高名凯译．北京：商务印书馆，1999.
[56] 王洪君．从字和字组看词和短语——也谈汉语中词的划分标准 [J]. 中国语文，1994（2）：102-112.
[57] 王洪君．汉语语法的基本单位与研究策略 [J]. 语言教学与研究，2000（2）：10-18.
[58] 王洪君．韵律层级模型中的最小自由单位及其类型学意义 [J]. 首届肯特岗国际认知语言学圆桌会议．新加坡，2001a.

[59] 王洪君.《信息处理用现代汉语分词词表》的内部构造和汉语的结构特点 [J]. 语言文字应用，2001b（4）：90-97.

[60] 王洪君. 音节单双、音域展敛（重音）与语法结构类型和成分次序 [J]. 当代语言学，2001c（4）：241-252.

[61] 王洪君. 韵律层级模型中的最小自由单位及其类型学意义 [J]. 徐杰主编. 汉语研究的类型学视角 [C]. 北京：北京语言大学出版社，2005.

[62] 王力. 汉语实词的分类. 语言学论丛（第 4 辑）[M]. 1959：2-22. 北京大学学报（人文科学），1959（2）：53-67.

[63] 王丽娟. 从名词、动词看现代汉语普通话双音节的形态功能 [D]. 北京语言大学博士学位论文，2009.

[64] 王宗炎. 关于语素、词和短语 [J]. 中国语文，1981（5）：321-449.

[65] 向若、赵恩柱、陈仲选、茜芙. 关于《什么是词儿》一文的讨论 [J]. 中国语文，1956（5）：43-47.

[66] 许德楠. 说单音词与语素在构形上的同一性 [J]. 语言教学与研究，1981：19-27.

[67] 徐枢. 语素 [M]. 北京：人民教育出版社，1990.

[68] 徐通锵. 语义句法刍议——语言的结构基础和语法研究的方法论初探 [J]. 语言教学与研究，1991（3）：38-61.

[69] 徐通锵. 说“字”——附论语言基本结构单位的鉴定标准、基本特征和它与语言理论建设的关系 [J]. 语言研究，1998（3）：1-12.

[70] 徐通锵.“字”和汉语的句法结构 [J]. 世界汉语教学，1994a（2）：1-9.

[71] 徐通锵.“字”和汉语研究的方法论——兼评汉语研究中的“印欧语眼光”[J]. 世界汉语教学，1994b（3）：1-14.

[72] 徐通锵.“字本位”和语言研究 [J]. 语言教学与研究，2005（6）：1-11.

[73] 严复 . 英文汉诂 [J]. 北京：商务印书馆，1904.

[74] 杨柳桥 . 汉语语法中字和词的问题 [J]. 中国语文，1957（1）：6-10.

[75] 杨晓黎 . 传承语素在现代汉语词语构成中使用情况的考察——以一组与人体相关的传承语素为例 [J]. 语言文字应用，2006（3）：69-75.

[76] 张静 . 汉语语法问题 [J]. 北京：中国社会科学出版社，1987.

[77] 章士钊 . 中等国文典 [J]. 北京：商务印书馆，1907.

[78] 张志公 . 谈汉语的语素——并略介绍哈尔滨语法教学讨论会 [J]. 语言教学与研究，1981（4）：4-18.

[79] 赵元任 . 汉语口语语法 [M]. 吕叔湘译 . 北京：商务印书馆，1979.

[80] 赵元任 . 汉语词的概念及其结构和节奏 [J]（1975）. 赵元任语言学论文集 [C]. 北京：商务印书馆，2002：890-908.

[81] 赵元任 . 中国话的文法（英文本）: *A Grammar of Spoken Chinese* [M]. 北京：商务印书馆，1968/2011.

[82] 朱德熙 . 语法讲义 [M]. 北京：商务印书馆，1982.

[83] 朱德熙 . 现代汉语语法研究的对象是什么 [M]. 中国语文，1987（5）: 321-329.

[84] Andrew Radford, Martin Atkinson, David Britain, Harald Clahsen, Andrew Spencer. *Linguistics: An Introduction* [M]. Cambridge University Press (Second Edition), 2009.

[85] Duanmu, S. Wordhood in Chinese [J]. To appear in *Encyclopedia of Chinese Language and Linguistics*. Wolfgang Behr, Yueguo Gu, Zev Handel, C-T James Huang & Rint Sybesma Leiden: Brill, 2012.

[86] Duanmu, S. Review of "The Morphology of Chinese: A Linguistic and Cognitive Approach" [M]. Cambridge University Press, 2002 (191): 190-200.

[87] F de Saussure. Roy Harris translated, Zhang Shaojie wrote the guided reading. *Course in Generative Linguistics* (English Version) [M]. Beijing: Foreign Language Teaching and Research Press, 2001.

[88] Huang C-T James. *Wo Pao de Kuai* and Chinese Phrase Structure [J]. *Language*. 1988 (64): 274-311.

[89] Huang C-T James. Phrase Structure, Lexical Integrity, and Chinese Compound [M]. *Linguistics*, 1984 (2): 53-78.

[90] Huang, C-T James *et al*. *The Syntax of Chinese* [M]. Cambridge University Press, 2009.

[91] Jerome L, Packard. *The Morphology of Chinese: A Linguistic and Cognitive Approach* [M]. Cambridge: Cambridge University Press, 2000.

[92] Kennedy, George A. The Monosyllabic Myth [M]. *Journal of the American Oriental Society*. 1951 (3): 161-166.

[93] Leonard Bloomfield A. Set of Postulates for the Science of Language [J]. *International Journal of American Linguistic*, 1949： 195-202.

[94] Li, Charles and Sandra Thompson. *Mandarin Chinese — A Functional Reference Grammar* [M]. Berkeley: University of California Press, 1981.

[95] McCathy, John. *Formal Problems in Semitic Phonology and Morphology*. PhD dissertation, Massachusetts Institute of Technology, 1979.

[96] McCathy, John & Alan Prince. Prosodic Morphology. *Technical Report of the Rutgers Center for Cognitive Science*. No. 32. New Brunswick: Rutgers University, 1986.

[97] McCathy, John & Alan Prince. *An Overview of Prosodic Morphology*. Lectures Presented at the OTS/HIL Workshop on Prosodic Morphology,

University of Vtrecht. Ms., New Brunswick: Rutgers Optimality Archive, 1994.

[98] Packard, J. L.(ed.) *The Morphology of Chinese: A Linguistic and Cognitive Approach.* Cambridge: Cambridge University Press, 2000.

[99] Quirk, Randolph, Greenberg, Sidney, Leech, Geoffrey and Jan Svartvik. *A Comprehensive Grammar of the English Language* [M]. New York：Longman, 1985.

[100] Radford, Andrew. *Syntactic Theory and the Structure of English: A Minimalist Approach* [M]. Beijing: Peking University Press, 2002.

[101] Radford, Andrew. *Minimalist — A Syntactic Approach* [M]. Cambridge University Press, 2004.

[102] Sweet, H. Logic and Grammar [J]. Transaction of the Philological Society. 1876 (16): 470-503.

[103] Shengli, Feng. *Prosodic Structure and Prosodically Constrained Syntax in Chinese*. PhD dissertation. University of Pennsylvania, 1995.

[104] Victoria, Fromkin, Robert Rodman, Nina Hymas. *An Introduction to Language.* (Seventh Edition) [M]. Oxford University Press, 1993.

后　记

这是一部给语言学理论初学者的教科书，力求做到简单扼要，把理论的来龙去脉说清楚。在本书的写作过程中，冯胜利教授曾就章节安排和书中的一些重要观点多次与我讨论，从中获益良多。本书中很多观点，都是基于冯胜利（2006）《汉语书面用语初编》中“句法自由，韵律黏着”这一想法发展而来。我也曾与王丽娟博士仔细讨论该书中的一些材料，且从她的评论和建议中受到很多有益的启发。另外，在香港中文大学召开的“汉语韵律语法丛书研讨会”上，很多专家对本书初稿提出了很好的意见，刘乐宁教授、端木三教授、董秀芳教授都给予了批评和指正。谨此向他们表示衷心感谢。

本研究工作还受到冯胜利教授主持的“对外汉语语体用语的鉴定、分布及分级的基础研究”（教育部社科重大项目）的资助，在此一并致谢。

黄　梅

2015 年 4 月